KB179718

442시간 법칙

442시간 법칙

일론 머스크와 빌 게이츠에게 배우는

—— 시간의 힘 ——

하태호 지음

중앙경제평론사

| 프롤로그 |

변화하는 시대를 읽어라

나이가 들어감에 따라 지위가 올라가는 연공서열은 과거를 지배하던 패러다임이다. 물건을 만들면 팔리던 시대에는 기업이 지속적으로 성장했다. 덩달아 직원들의 고용 안정도 보장이 되었다. 입사 후 승강기를 타면 어느 정도의 위치까지는 올라갈 수 있는 시대였다. 하지만 다양한 제품을 차별화된 가격으로 판매하는 기업들이 늘어나면서 시장 경쟁이 급격히 심화되었다.

스타트업이 우후죽순 생겨나면서 대기업들이 하나둘 쓰러지고 있다. 파괴적 혁신 속에서 단순한 기능을 가진 작은 기업이 기존 시장 전체를 와해시키고 있는 것이다. 마치 다윗이 골리앗을 쓰러뜨리는 것처럼. 호텔을 하나도 소유하지 않은 에어비앤비가 거대한 호텔 체인들을 쓰러뜨리고, 차를 소유하지 않은 우버가 택시 회사들을 위협하고 있다.

시장경제에서 스타트업들이 전통적인 기업을 제압하는 불확실성의 시대가 되었다. 이제는 어느 기업도 생존을 보장하기 어렵다. 5억 4천만 년 전 다양한 종류의 생물체가 급격한 증가를 보인 캄브리아기 대폭발처럼 새로운 기업의 숫자도 폭발적으로 늘어나고 있다. 더불어 경쟁도 더욱 치열해지고 있다.

미국은 이러한 비즈니스 트렌드의 중심지다. 구글, 페이스북, 아마존 등 실리콘밸리에서 성장한 스타트업들이 미국 주식시장에서 시가 총액의 선두를 다투고 있다. 미국인들에게 한 기업에서 평생을 근무하는 것에 대해 의견을 물어보면, 그들 중 몇 명만이 '꿈의 직장' 또는 '전통적 직장관'이라고 말한다. 왜냐하면 기업이 더 이상 우리의 생존을 책임져주지 못하는 시대가 되었기 때문이다.

이러한 현실은 한 사건에 연루된 두 명의 용의자가 심문을 받는 상황과 비슷하다.

예를 들어보자. 지준과 정규는 대전의 한 은행에서 20억 원을 훔쳐서 달아났다. 치밀하게 범죄를 계획한 탓에 증거는 없지만 정황을 보아 경찰은 이 두 명을 용의자 선상에 올려놓고 심문을 했다. 용의자의 자백을 통해 범죄를 입증할 목적인 경찰은 두 명을 다른 방에 두고 심문을 진행해나갔다.

경찰이 제시한 조건은 이렇다. 둘 중에 한 명이 먼저 자백하면 그는 즉시 풀어주고, 나머지 한 명은 10년 형을 살게 된다. 만약 둘 다 자백하면 5년을 복역하고, 둘 다 죄를 부인하면 모두 6개월 형을 살게 된다. 과연 지준과 정규는 어떻게 됐을까?

결론은 두 사람 모두 죄를 자백하고 5년 형을 살게 된다. 둘 다 죄를 부인하면 6개월 형만 살게 됨에도 불구하고 이 둘은 상대가 어떤 선택을 할지 몰라 자신의 이익만 생각하고 죄를 자백한 것이다. 이를 경제학에서는 죄수의 딜레마, 이른바 '게임 이론Game Theory'이라고 한다.

직원과 기업 이 두 관계는 앞서 말한 죄수의 딜레마와 비슷하다. 기업은 자신의 이익만 생각하고, 직원도 마찬가지다. 평생을 바쳐 일한 직원에게 나이가 들어 성과가 떨어진다고 퇴사를 권고하는 기업의 배신은 직원에게 야속하기만 하다. 기업 입장에서도 역량 있는 직원이 더 좋은 곳으로 이직하는 것이 얄밉기만 하다.

한마디로 기업이냐 직원이냐, 누가 먼저 배신을 하느냐가 현실이 되어버렸다. 둘 다 배신하지 않는다면 양쪽 모두 좋은 관계를 이룰 수 있음에도 배신이 일반화된 시대가 되어버렸다.

이러한 상황을 살짝 뒤집어 생각해보자. 서로 배신하지 않고도 살아남을 수 있는 방법은 없을까? 직원의 입장이든, 기업의 입장이

든 상대방이 자신을 배신할 수 없게 만들면 되지 않을까?

직원의 입장에서는 자신의 역량을 키우는 것이 중요하다. 그리하여 회사에 기여할 수만 있다면 회사가 나를 배신할 수 없게 만드는 척도가 될 것이다.

과거에 직원들은 회사가 자신들을 배신하지 못하게 만들기 위해 늦게까지 남아서 일하고 헌신했다. 하지만 이제는 제한된 시간 속에서 최고의 성과물을 만들어내는 사람이 인정받는 시대로 패러다임이 바뀌고 있다. 이러한 변화에 가장 큰 영향을 끼친 것이 주 52시간 제도의 도입이다. 사회에 가장 큰 영향을 미치는 법이 바뀐 것이다.

2017년 OECD의 국가별 연평균 근무시간 자료에 따르면, 한국 근로자의 연평균 근무시간은 2,024시간으로 멕시코의 2,258시간 다음으로 많다. 이는 OECD 평균 근무시간인 1,746시간보다 278시간 많고, 일수로 따지면 약 35일을 더 일하는 꼴이다. 이에 반해 우리나라 근로자의 시간당 생산성은 34.3으로, OECD 36개 국가 중 29위로 하위권이다. 다시 말해 지금까지 낮은 생산성을 근무시간을 늘려 극복했던 것이다.

업무 시간이 줄어든 기업의 고민이 '어떻게 제한된 시간에 직원들을 좀 더 효율적으로 일하게 만들까'라면, 직원의 고민은 '일하는 시간이 부족한데 어떡하지?'이다. 결국 양쪽 모두 시간을 중심에 두고, 제한된 시간 내에 효율적으로 업무를 처리할 수 있는 방법에 대해 고민하고 있는 것이다. 기업의 입장에서는 업무 효율을 못 높이면 인원을 충원해야 하고, 직원의 입장에서는 업무 효율이 떨어지면 저성과자로 낙인찍히게 되기 때문이다.

이제는 시간의 가치에 대해 고민해야 하는 시대다. 얼마나 많은 시간을 투입하느냐가 아니다. 시간당 생산성을 얼마나 높이느냐가 관건이다. 시간당 효율과 효과를 높이는 방법이 무엇인지를 아는 것이 자신의 몸값을 올리는 무기가 될 것이다.

시간은 모두가 가지고 있다. 하지만 시간을 나만의 것으로 만드는 방법은 누구나 알지 못한다. 평생을 시간에 끌려다니는 노예로 살 것인가, 아니면 시간을 지배하는 주체자로 성공할 것인가. 이것은 여러분의 선택에 달렸다.

성공한 사람들은 태어날 때부터 성공을 갖고 태어나지 않는다. 자신이 성공하고자 하는 분야에서 다른 사람들보다 많은 시간을 투자해 고민하고 노력했기에 성공이라는 결실을 맺게 된 것이다. 마찬가지로 가난한 사람도 실패를 갖고 태어나지 않는다. 다만 자기계발에 충분한 시간을 쏟지 못했을 뿐이다.

21세기 자본주의 시대에 가장 큰 성공을 거둔 인물을 꼽으라면 단연 빌 게이츠이다. 1955년 미국의 시애틀에서 변호사의 아들로 태어난 빌 게이츠는 어렸을 때부터 컴퓨터에 미쳐 프로그램 개발에 거의 모든 시간을 쏟아부었다. 그 결과, 컴퓨터 운영소프트웨어 회사인 마이크로소프트를 세워 큰 성공을 거두었다. 이미 1995년에 세계 최고의 갑부가 되었고, 2000년에는 빌&멜린다 게이츠 재단을 설립하였다.

2008년에는 마이크로소프트 회장직을 내려놓고 현재까지 자선사업가로 활동하고 있다. 전 세계에서 가장 성공한 인물로 평가받는 빌 게이츠의 시간 관리 방법만 잘 살펴봐도 우리에게 시사하는 점이 적지 않을 것이다.

한편, 21세기 최고의 혁신적인 인물을 꼽으라면 일론 머스크일 것이다. 일론 머스크는 1971년 남아프리카공화국에서 전기 엔지니어의 아들로 태어났다. 어렸을 때부터 소프트웨어 개발에 두각을 나타냈고, 12살이 되던 해에는 비디오 게임을 개발해 500달러에 판매하기도 했다. 17살에 캐나다로 넘어왔고, 이후 온타리오 퀸스대학에 입학한 후 펜실베이니아대학으로 편입했다.

1995년에는 집2ZIP2라는 스타트업을 성공시키고, 엑스닷컴X.com이라는 온라인 뱅킹 서비스를 창업해 향후 이베이ebay에 15억 달러에 매각해 큰 성공을 이룬다. 이후 화성을 정복하고자 우주선 발사체를 만드는 스페이스X를 설립하고, 전기차를 만드는 테슬라모

터스, 태양광 사업을 하는 솔라시티SolarCity 등을 운영한다. 망상을 현실화시키는 혁신적인 인물로 인정받고 있으며, 주 80~100시간을 일에 쏟을 만큼 일에 대한 열정도 남다르다.

이 책은 이렇게 성공한 빌 게이츠와 일론 머스크의 시간 관리 방법을 살펴봄으로써 독자들이 보다 효율적으로 시간 관리를 할 수 있도록 하는 데 초점을 맞췄다. 큰 성공을 이룬 두 사람의 시간 관리 비법을 통해 여러분도 자기만의 비법을 하나씩 터득해나갈 수 있을 것이다.

이 책은 카이스트 기술경영전문대학원 윤태성 교수님의 지도로 쓰여졌다. 윤 교수님께서 책 출간 방법부터 내용 구성 및 뼈대를 잡는 것까지 깊이 있게 지도해주셨다. 내용의 살을 붙이는 것은 노수홍 교수님 수업을 통해 배운 내용과 깨달음을 활용하였다.

또한, 카이스트 ITM 15기 동기들의 지지와 조언, 직장 동료, 무엇보다도 가족의 응원이 큰 힘이 되었다. 이 자리를 빌려 깊은 감사의 뜻을 전한다.

| 차례 |

1장

왜 시간 관리일까?

2장

1단계: 목표 수립

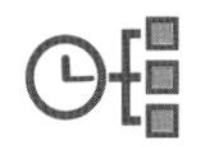

3장
2단계: 우선순위 선정

4장
3단계: 시간 기록

5장
4단계: 자투리 시간 활용법

6장
5단계: 성공을 이끄는 시간 관리법

왜 시간 관리일까?

시간 관리가 최고의 무기인 시대

시간은 누구에게나 공평하다. 우리가 하루를 어떻게 쓰는지와 상관없이 우리가 가진 시간 통장에는 매일 24시간이 자동으로 입금된다. 늦잠을 자든, 아침 일찍 일어나든, 하루 종일 집에서 빈둥거리든, 우리가 어떻게 행동하는지와는 아무런 상관이 없다. 시간은 아무런 대가 없이 누구에게나 똑같이 주어진다. 그렇기 때문에 우리는 시간의 중요성을 인식하지 못한다.

시간은 누구나 가지고 있고, 그 시간이 무엇인지 모르는 사람은 없다. 하지만 누군가 당신에게 시간에 대해 정의를 내리라고 한다면 어떻게 답변할 것인가? 한마디로 대답하기란 쉽지 않을 것이다.

시간 관리, 참으로 진부한 용어다. 그럼에도 불구하고 자신의 시간을 제대로 관리하는 사람은 많지 않다. 왜냐하면 우리는 시간 관리에 대해서 제대로 교육을 받아본 적이 없기 때문이다. 기껏해야 어린 시절 방학 숙제로 도화지에 동그라미를 그리고 하루 일과표를 만든 것이 전부다.

학창 시절, 우리는 학교에서 짠 시간표에 따라 움직였다. 내 의지와 상관없이 시간표대로 책상에 앉아 수업만 들으면 되었다. 요즘 아이들은 방과 후 시간까지도 엄마가 등록해준 학원 시간표에 따라 움직인다. 학교에서도 시간 관리에 대해 가르쳐주지 않는다. 이렇게 우리는 시간 관리에 대해서 제대로 배우고 실천해볼 기회도 없이 대학에 입학한다.

대학 입학과 동시에 처음으로 직면하는 어려움은 스스로 시간표를 짜는 것이다. 항상 남이 짜준 시간표 속에서 살다가 이제는 스스로 시간표를 짜야 하는 상황에 놓인다. 지금까지 시간표를 짜본 적이 없으니 불안감에 사로잡힌다. '이렇게 계획하는 게 맞나?', '이 과목을 첫 학기 때 듣는 게 맞을까?', '교수님이 학점은 잘 줄까?', '시험은 쉽게 나올까?' 등 궁금한 사항이 한둘이 아니다.

주위에 친한 사람도 없고, 혼자 시간표를 짜야 한다는 상황이 낯설기만 하다. 항상 정답이 있는 시험지만 풀다가 정답이 없는 상황에 직면하게 되니 불안감이 증폭된다. 시간표를 어떻게 짜느냐에 따라 학기 성적이 갈리고, 그에 따라 장학금을 받느냐 못 받느냐 여부가 결정되지만, 우리는 아무것도 모른 채 시간표를 짜야 한다.

취직을 해도 상황은 마찬가지다. 몇 시까지 무슨 일을 끝내야 하는지 스스로 결정해야 한다. 매일 부서 내 상사와 팀원들과 회의를 하고, 타 부서로부터 요청 사항들이 쏟아진다. 임원으로부터 업무 지시를 받는 날이면 만사 제쳐두고 임원 지시부터 집중해서 빠르게 일처리를 해야 한다.

일은 시장에서 하는 장사와 같다. 물건을 파는 사람이 있으면 사는 사람이 있듯이, 회사에서도 일을 주는 사람이 있고 받는 사람이 있어 업무가 이루어진다. 일을 시키는 사람은 대개 구두로 지시를 하거나 문서로 요청하고, 일을 받는 사람은 지시받은 대로 일을 처리하고 보고해야 한다.

시장에서도 맛집이라고 소문난 음식점이 장사가 잘되듯이, 직장에서도 일을 잘한다고 소문이 나면 더 많은 일을 받게 된다. 여기저기서 일은 쏟아지고, 서로 급하다며 빨리 처리해달라고 난리다. 식당처럼 들어온 순서대로 처리하면 좋으련만 일의 긴급성과 일을 지시한 사람의 직급을 고려해서 우선순위를 정해야 한다. 그러다 보면 직급이 높은 사람이 시킨 일을 먼저 할 수밖에 없다. 그 와중에 전화벨은 계속 울려대고, 이메일은 잔뜩 쌓여만 간다.

이렇게 정신없이 하루를 보내고 나면 정작 마무리한 일은 몇 개 안 되고 해야 할 일들만 쌓여간다. 그러다 보면 상사로부터 일처리가 늦다는 핀잔을 듣기 십상이다. 점심시간도 희생하며 열심히 일했는데 끝내지 못한 일들 때문에 퇴근시간이 두렵기만 하다.

하루에 처리해야 하는 일은 늘어나는 데 반해 근무시간은 점점 줄고 있다. 2004년 7월 1일부터 공공기관에서 주 5일제가 시행되었다. 법정 근로시간이 주 44시간에서 40시간으로 변경되면서 기존 토요일 오전에 근무하던 풍경이 사라졌다.

14년이 지난 2018년, 정부는 주 52시간제를 도입했다. 주 40시간에 연장 근로를 12시간으로 제한하는 제도가 생기면서 직장인들은 일을 더하고 싶어도 할 수 없는 상황에 놓였다. 일의 양은 줄지 않는데 일하는 시간은 줄어들고 있는 것이다. 이런 상황에서 직장인에게 가장 중요하고도 시급하게 요구되는 것이, 제한된 시간에 효율적으로 일을 처리해낼 수 있는 '시간 관리' 역량이다.

수많은 자기계발서를 읽어보면 좋은 말들로 가득하다. 책대로만 하면 곧 성공할 것 같은 기분이 든다. 당장 실천해야겠다고 결심하지만 막상 실천은 오래가지 못한다. 얼마 지나지 않아 깨닫게 된다. '책 속의 내용은 다 맞는 말이긴 한데 정작 나한테는 맞지 않구나.' 왜냐하면 책 속의 그들은 내가 처한 삶과 환경 자체가 전혀 다르기 때문이다.

시간 관리는 수많은 자기계발서가 이야기하는 것처럼 남들이 말한 좋은 이야기를 실천하는 것이 아니라 내 이야기를 찾아가는 과정이다. 내가 몇 시간을 어디에, 누구와 무엇을 하는 데 사용하는지를 파악해서 자신이 원하는 부분에 더 많은 시간을 쏟을 수 있어야 한다. 다시 말해 시간 관리의 핵심은 '내가 사용하는 시간을 알고, 나만의 규칙을 만드는 것'이다.

시간 관리는 하루아침에 완성할 수 있는 이벤트식의 해결책이 아니라 꾸준히 노력해서 내 몸에 체득해나가는 과정이다. 따라서 시간 관리에 관해 좋은 습관을 들이면 나만의 강력한 무기가 될 수 있다.

우리는 복권 당첨으로 일확천금을 거머쥔 사람들의 이야기를 종종 듣는다. 당첨자는 달라도 대부분 그 끝이 좋지 못하다는 걸 익히 들어 알고 있다. 그들은 운 좋게도 많은 돈을 갖게 되지만, 관리할 능력이 안 되어 결국 빚쟁이로 전락하는 경우가 많다. 내 능력이 아닌 것은 내 것이 아닌 것이다. 내 것이 되려면 내 능력이 뒷받침되어야 한다.

2005년 미국에 사는 브래드는 복권에 당첨되어 8,500만 달러약 1,000억 원를 받았다. 그다음 날 그가 한 일은 평소와 같이 피트니스 센터로 출근하는 것이었다. 그다음 날도, 그다음 날도 마찬가지로 직장으로 출근했다. 똑같은 집에 살면서, 돈도 평소에 쓰던 만큼만 썼다. 이렇게 그는 2년 반을 살았다.

자기 훈련이 된 사람은 복권에 당첨되더라도 그 끝이 불행하지 않다. 왜냐하면 자기 훈련을 통해 돈을 관리하는 습관이 체득되었기 때문이다. 시간 관리도 마찬가지다. 자기 훈련이고 습관이다.

시간 관리는 한 번의 실천과 다짐으로 몸에 새겨지는 게 아니다. 평소 훈련을 통해 내 몸에 체득시켜야 내 것이 된다. 그리하여 시간 관리는 자기 관리이자 인생 관리가 되는 것이고, 내 인생의 최고의 무기가 되는 것이다.

지금 이 책을 보는 독자들은 저마다 성공적인 인생을 꿈꾸고 있을 것이다. 기업의 CEO가 되고 싶은 사람, 유명한 학자를 꿈꾸는 사람, 한 분야의 전문가로 거듭나기를 원하는 사람 등. 이러한 성공을 위해 가장 확실하고도 쉬운 방법이 있다. 바로 성공한 사람을 곁에 두고 그들의 성공 방정식을 배워나가는 것이다.

맹자의 어머니는 맹자에게 훌륭한 교육 환경을 만들어주기 위해 세 번을 이사했다맹모삼천지교. 묘지 근처에 살 때는 맹자가 장사葬事 지내는 흉내를 냈고, 시장 주변으로 이사했을 때는 장사꾼처럼 행동했다. 마지막으로 서당 가까이 이사를 가니 비로소 예의범절을 갖춘 아이로 성장할 수 있었다. 이것만 봐도 환경이 얼마나 중요한지를 알 수 있다.

그렇다면 나의 환경은 어떠한가? 주변을 돌아보라. 나와 시간을 많이 보내는 사람 10명을 떠올려보자. 이들 가운데 과연 몇 명이나 시간 관리를 하고 있을까.

시간 관리를 하는 주변인(10명)	그룹
7~10명	이미 성공한 사람
3~6명	성공할 가능성이 높은 사람
0~2명	성공을 꿈만 꾸는 사람

주변 지인 10명 중에 7명 이상이 시간 관리를 체계적으로 하고 있다면 당신은 이미 성공했거나 사람들이 선망하는 부류에 속한 사람일 확률이 높다. 10명 중 3~6명이 시간 관리를 하고 있다면 그래도 장래에 성공할 수 있는 확률이 높은 그룹에 속해 있는 것이다. 3명 미만이라면 당신은 그저 평범한 그룹에 속한 사람으로 성공을 꿈만 꾸는 사람일 확률이 높다.

생각해보라. 시간 관리를 하는 사람들은 일분일초가 아쉬운 바쁜 사람들이다. 대기업 CEO, 유명 연예인 등 그들의 시간 가치를 돈으로 환산해보면 상상을 초월한다. 세계 최고 갑부인 빌 게이츠가 버는 시간당 금액은 5억 원이나 된다.

수십억의 연봉을 받는 대기업의 CEO라면 행사 및 회의 일정만으로도 시간이 부족할 것이다. 시간 낭비를 막기 위해 대개 개인 비서가 CEO의 스케줄 관리를 해준다. 유명한 연예인이라면 당연히 매니저가 시간을 철저히 관리해줄 것이다. 왜냐하면 그들의 일분일초가 돈이기 때문이다.

성공적인 인생을 살고 싶다면 시간의 가치를 알고, 시간 관리 방법을 내 삶의 첫째가 되는 무기로 만들어야 한다. 왜냐하면 성공한 사람들이 공통적으로 중점에 두고 있는 것이 시간 관리이고, 성공하기 위한 가장 강력한 무기가 시간 관리이고, 성공 후 성공을 유지시켜주는 것도 시간 관리이기 때문이다.

시간 관리란 무엇인가?

시간 관리라는 말을 들을 때마다 '과연 시간을 관리할 수 있을까?'라는 의문이 든다. 관리라는 말에는 통제라는 의미가 포함되어 있지만, 사실상 우리는 시간을 통제할 수 없다. 왜냐하면 시간에 관련된 아래의 세 가지 사실 때문이다.

첫째, 시간은 흐른다.
둘째, 시간은 빌려주거나 돈으로 살 수 없다.
셋째, 시간은 누구에게나 공평하게 하루 24시간이 주어진다.

흥미롭게도 우리는 시간을 관리한다고 말하지만, 실제로 우리가 통제하는 것은 시간이 아니라 저마다 자기 삶에서 이루어지는 행동이다. 나의 삶을 통제하고 관리하기 위해서 선행되어야 하는 것이 계획이다. 즉, 시간 관리에 숨어 있는 핵심은 '내 삶의 계획'이다.

내 삶을 원하는 방향으로 이끌기 위해서는 먼저 계획을 세워야 한다. 내가 세운 목표에 맞추어 계획을 세우고 나의 행동이 일치하도록 동기를 부여해야 한다. 이를 위해서 쓸데없는 시간을 낭비하지 않는 게 핵심이다. 내 삶을 낭비하지 않으려면 내 시간을 알아야 한다. 실제로 내가 무엇을 하는 데 얼마의 시간을 쓰는지를 알아야 한다. 시간을 기록하고, 그 기록을 바탕으로 분석하고 평가하여 개선해나갈 수 있어야 한다.

시간(Time)이란?

'세월은 사람을 기다려주지 않는다Time and tide wait for no man.'

이 말은 1935년 제프리 초서Geoffrey Chaucer가 쓴 《캔터베리 이야기The Canterbury Tales》에 나오는 문구다. 주어는 시간time과 조수tide, 밀물과 썰물이지만 이상하게도 번역은 시간 또는 세월은 사람을 기다려주지 않는다고 해석한다. 그 당시 'tide조수'는 지금 우리가 사용하는 밀물과 썰물의 의미가 아닌 시간이나 계절의 의미로 사용되었다. 해시계를 사용하던 시절에 tide는 3시간 정도의 시간을 의미했다고 옥스퍼드사전은 설명하고 있다.

이처럼 time시간이라는 용어는 tide에서 유래했다. tide는 시간을 의미하는 독일어 tima에서 대체되었다. tide가 시간이 지나면서 시간을 의미하는 단어에서 밀물과 썰물을 나타내는 조수로 변한 것처럼 time은 예부터 '흐르는 것'으로 여겼다.

현대에 와서 시간의 정의를 표준국어대사전에서 찾아보면 '어떤 시각에서 어떤 시각까지의 사이'라는 개념이 제일 먼저 나온다. 옥스퍼드사전에서 'time'을 찾아보면 '분·시·일 등으로 측정되는 것what is measured in minutes, hours, days, etc.'으로 나온다. 다시 말해 시간은 사물의 변화를 측정하기 위한 개념이다.

시간에 대해서 이야기할 때 빠지지 않는 개념이 크로노스Chronos와 카이로스Kairos다. 고대 그리스에서는 시간을 의미하는 단어로 크로노스와와 카이로스를 사용했다.

크로노스는 지구가 자전과 공전을 통해 일어나는 시간의 흐름을 초·분·시와 같은 물리적인 단위로 측정할 때 활용한다. 이는 오늘날 연대순Chronological과 같은 단어로 파생되어 시간의 흐름을 나타낼 때 사용된다. 반면, 카이로스는 초·분·시와 같은 시간의 단위가 아니다. 시기적으로 적절하거나 적합한 순간을 의미한다. 크로노스가 양적인 시간이라면 카이로스는 질적인 시간을 뜻한다.

과거 그리스인들은 사물을 의인화하는 것을 좋아했다. 크로노스의 경우 무서운 시간의 할아버지Father time로 형상화했다. 긴 회색 수염에 허리가 굽은 노인이 큰 낫과 모래시계를 들고 있다. 이 노인은 여러분이 가진 시간을 조금씩 갉아먹음으로써 죽음으로 인도한다.

반면에 카이로스는 잘생긴 젊은 청년으로 의인화했다. 손에는 저울과 날카로운 칼을 가지고 있으며 발끝에는 날개를 달고 있다. 머리는 앞머리만 있고 뒷머리는 없다. 머리가 앞에만 있는 것은, 기회란 앞에서 다가올 때는 잡을 수 있지만 지나고 나면 잡을 수 없음을 의미한다. 우리가 날개 달린 기회를 잡기 위해서는 판단저울을 정확하고 빠르게날카로운 칼 해야 한다는 것을 알려준다.

시간은 이렇게 무서운 노인과 잘생긴 청년의 모습으로 우리 곁에 존재한다. 그럼에도 불구하고 우리는 두 얼굴을 가진 시간의 모습을 알지 못하고 살아간다. 왜냐하면 우리에게 아무런 대가 없이 주어지는 자원공기, 물, 시간에 대해서는 굳이 관심을 가질 필요가 없기 때문이다.

시간의 중요성을 깨닫는 순간 내 옆에는 낫과 모래시계를 든 무서운 노인이 앉아 있음을 알게 된다. 그때는 이미 저 멀리 날아가는 잘생긴 청년의 뒷모습조차 볼 수 없게 될지도 모른다.

관리란 무엇인가?

관리管理는 주관할 관管, 다스릴 이理를 써 '어떤 일을 맡아서 처리한다'는 뜻이다. 이는 다소 수동적인 의미로, 주어진 것을 관리할 때는 대체로 '컨트롤control'이란 단어를 쓴다. 예컨대 주변에서 일이 잘 안 될 때 "컨트롤이 잘 안 된다"와 같은 말을 종종 듣게 되는 경우를 떠올려보면 이해가 쉽다.

하지만 시간 관리를 영어로 쓸 때는 '타임 컨트롤Time Control'이라고 하지 않고 '타임 매니지먼트Time Management'라고 쓴다. Management는 관리보다는 경영이라는 의미로 사용된다. 경영經營은 단순히 주어진 것을 관리한다는 협의의 의미보다는 '기초를 닦고 계획을 세워 어떤 일을 능동적으로 해나감'을 의미한다. 이러한 측면에서 보면 시간 관리는 시간 경영 개념에 더욱 가깝다. 즉 시간 관리에서 '관리Management'란 목표를 설정하고 이를 효율적으로 달성하기 위한 모든 활동이라고 할 수 있다.

결국 시간 관리는 '목표를 달성하기 위해 주어진 시간을 효율적으로 계획하는 활동'이다. 여기서 핵심 키워드는 '계획'이다. 스스로 목표를 수립하고, 이에 맞추어 자기 시간을 계획하는 것이다.

시간 관리의 범위는 자신이 설정한 목표에 따라서 달라진다. 예를 들어, 목표가 단순한 업무가 될 수도 있다. 하루 일과 가운데 '상사에게 이메일 보내기', '협력 업체에 전화하기' 등 단시간에 끝낼 수 있는 간단한 사항이 될 수도 있지만, '정년퇴직 후 제2의 일 찾기', '영어 실력 향상시키기'처럼 장기간에 걸쳐 진행되는 프로젝트가 될 수도 있다.

따라서 시간 관리는 단순히 빡빡하게 일정을 관리하는 행위가 아니라 장기적인 관점으로 자신의 삶에서 하고 싶은 것을 찾아 목표를 수립하고, 이를 달성하기 위해 계획을 세우고 달성해나가는 일련의 활동이라고 할 수 있다.

시간 관리 = 인생 설계

톨스토이가 쓴 《사람은 무엇으로 사는가》를 보면, 천사 미카엘이 잘못을 저질러 지상으로 떨어지게 된다. 미카엘에게 주어진 벌은 아래의 세 가지 질문에 대한 답을 찾는 것이다.

첫째, 사람의 마음속에는 무엇이 있는가?
둘째, 사람에게 주어지지 않는 것은 무엇인가?
셋째, 사람은 무엇으로 사는가?

미카엘은 구둣방에서 일을 하다가 이 질문의 답을 찾게 된다. 아주 건장한 귀족 신사가 구둣방을 찾아와서 튼튼한 가죽 구두를 만들어달라고 했다. 하지만 미카엘은 귀족 신사가 떠나자 수의에 신

겨줄 슬리퍼를 만들었다. 이 모습을 본 구둣방 주인이 당황하여 미카엘을 꾸짖었다. 그때 귀족 신사의 하인이 와서 "주인님께서 가는 도중 마차에서 돌아가셨다"는 비보를 전했다.

미카엘은 정성스럽게 만든 슬리퍼를 하인에게 건네주었다. 아주 건장하고 돈 많은 귀족이었지만 안타깝게도 자신이 곧 죽는다는 사실은 알지 못했다. 그렇다. 우리는 우리가 언제 죽을지 아무도 모른다.

오다 노부나가, 도요토미 히데요시, 도쿠가와 이에야스는 일본 전국시대를 이끌었던 3명의 영웅호걸이다. 전국시대 천하 통일을 목전에 두고 오다 노부나가는 죽고, 도요토미 히데요시가 재빠르게 그의 자리를 차지하여 통일을 이루지만, 결국 그 영광의 자리는 도쿠가와 이에야스가 갖게 된다. 사람들은 이를 일컬어 "오다 노부나가가 준 쌀로, 도요토미 히데요시가 떡을 만들고, 도쿠가와 이에야스가 먹었다"라고 이야기한다.

오다 노부나가는 일본 전국시대를 이끈 의미심장한 인물이다. 히데요시와 이에야스 모두 노부나가의 가신이었다. 천하 통일을 목전에 두지만 노부나가의 중신 아케치 미츠히데의 반역으로 혼노사에서 죽고 만다. 부귀영화를 다 가지고 있었지만 부하를 지나치게 무시한 대가로 최후를 맞이한 것이다. 노부나가는 자신의 죽음을 알고 있었을까? 아마도 몰랐을 것이다. 누구나 자신이 최정상의 자리에 있을 때는 죽음에 대해 생각하지 못하는 법이니까.

액션영화의 패러다임을 바꾼 인물로 평가받는 이가 이소룡이다. 무술로 달련된 근육질 몸매인 그가 33세로 운명을 달리했을 때 그의 죽음을 믿는 사람은 거의 없었다. 영화 속에서 늘 무술인이라는 이미지가 강렬했던 탓일까? 대개 사람들은 근육질 몸매는 건강함의 상징이고, 운동선수들은 오래 산다고 생각을 한다.

원광대에서 1963년부터 48년 동안 3,215명의 부음 기사와 통계 자료를 바탕으로 장수하는 직업군을 연구하였다. 그 결과에 따르면, 운동선수는 평균 연령 67세로, 전체 순위에서 고작 9위에 불과했다.

한편 장수하는 직업군 1위는 종교인으로, 평균 82세까지 산다고 한다. 육체적인 건강 못지않게 정신적인 건강도 중요하다는 사실을 알 수 있는 대목이다. 물론 종교인도 언젠가는 죽는다. 아무리 열심히 기도하더라도 그들도 언젠가는 죽게 마련이다.

인간이 살아가는 동안 피할 수 없는 명제는 "우리는 언제 죽을지 모른다"는 것이다. 내일 당장 죽을지도 모른다고 생각하면 무엇을 할 것인가? 지금처럼 살 것인가? 만약 죽기 전에 하고 싶은 게 있다면 전 재산을 팔아서라도 하지 않을까?

영화 〈라스트 홀리데이〉에서 판매직으로 근무하던 여성 종업원 조지아는 불행하게도 시한부 인생을 선고받는다. 그녀는 지금까지 모아둔 적금을 깨서 비행기 퍼스트 클래스 타기, 헬기 타기, 호텔 스위트룸에서 최고급 음식 시켜 먹기 등 자신의 버킷리스트를 하나씩 실천한다. 그러다 한 남자를 만나 사랑에 빠지지만 자신의 시한부 인생 때문에 차마 그를 받아들이지 못한다. 얼마 뒤 병원으로부터 병이 오진이었다는 소식을 듣게 되고, 그녀는 사랑하는 남자와 함께 작은 음식점을 차리면서 영화는 해피엔딩으로 끝이 난다.

사람은 누구나 자신이 곧 죽게 된다는 사실을 알게 될 때 시간의 소중함을 깨닫는다. 남은 시간이라도 자신이 원하는 인생을 살기 위해서 노력하게 된다.

40대가 되면 자신의 유언장을 써보라는 이야기도 죽음을 직면하게 되면 남은 시간과 삶에 대해 돌아볼 수 있는 기회가 되기 때문일 것이다.

《인에비터블 미래의 정체The inevitable》의 저자이자 〈와이어드wired〉를 창간한 케빈 켈리kevin kelly는 자신만의 카운트다운 시계를 가지고 있다. 앞으로 살아갈 날이 얼마나 남았는지를 보여주는 시계다.

그는 자신이 78세까지 살 수 있다고 생각하고, 55세가 됐을 때

8,500일이 남았다고 생각해 자신의 시계를 돌리기 시작했다. 그는 자신이 가장 중요하다고 생각하는 몇 가지 프로젝트와 과제에만 집중했다. 이것저것 다 하기에는 자신이 살 수 있는 시간이 턱없이 부족하다는 걸 잘 알고 있기 때문이다.

'우리는 죽는다'는 팩트다. 하지만 그 시기가 언제인지는 알 수 없다. 어쩌면 그 시기가 내일일 수도 있다. 아니면 1년 뒤, 혹은 10년 뒤일 수도 있다. 그러다 어느 순간 시간은 우리를 죽음이라는 종착역으로 데려간다. 그 역까지 가는 과정은 우리의 결정으로 채워진다. 누구나 자신이 원하는 방향대로 삶을 채우고 싶을 것이다. 자신이 원하는 방향으로 자신의 인생을 계획하고 싶다면 이제라도 시간 관리를 시작해야 한다.

다음의 사례를 한번 살펴보자.

내 친구 김현주는 매사에 게으르다. 퇴근하고 집에 오면 매일 늦게까지 게임을 한다. 주말이면 아무것도 하기 싫다고 종일 소파에 누워서 TV 시청과 스마트폰 게임을 반복한다. 매번 토요일에 저녁을 사준다고 나오라고 해도 귀찮다고 하는 친구다. 세 번 정도 전화해서 나오라고 하면 마지못해 나오긴 하지만 항상 헝클어진 머리, 추리닝에 슬리퍼 차림이다.

그러던 현주에게 변화가 찾아왔다. 좋아하는 여자가 생긴 것이다. 주말에 늘 집돌이던 그가 이제는 토요일만 되면 그녀를 만나기 위해 외출을 한다. 게다가 그녀를 만날 생각에 아침 6시만 되면 자동으로 눈이 떠진다고 한다. 그녀가 조조영화 보고 점심 먹는 걸 좋아하는데, 그런 그녀와 토요일마다 함께 할 수 있어 행복하다고 한다.

평일에 늦게 자고 지각을 일삼던 현주는 이제 아침 일찍 회사에 출근한다. 왜냐하면 자기보다 출근이 빠른 그녀를 회사에 출근시켜줘야 하기 때문이다. 늦은 밤까지 게임을 즐기던 현주는 이제 더 이상 그러지 않는다. 아침 일찍 일어나서 그녀를 보는 것이 더 행복하기 때문이다. 그녀를 위해서라면 자다가도 눈이 번쩍 떠진다고 한다. 결국 둘은 결혼에 성공했고, 지금은 아이를 갖기 위해 노력하고 있다.

시간 관리는 이처럼 '사랑에 빠지기'와 같다. 사랑에 빠지려면 자신의 심장을 뛰게 하는 상대를 찾아야 하는 것처럼, 시간 관리를 하기 위해서는 자신의 마음을 설레게 하는 목표를 찾는 것이 우선이다. 그러고 나면 목표 달성을 위해 할 일들이 우후죽순으로 생겨난다. 그리고 그 많은 일을 감당해내기 위해 시간 관리 시스템이 필요하다는 것을 깨닫게 된다. 여기서 일이 실타래처럼 뒤죽박죽 엉키게 되면 스트레스를 받고 삶의 무게를 느낀다. 하지만 차근차근 하나씩 일을 처리해낸다면 성취감을 느끼고 자신감이 붙는다.

사랑하는 상대와 사귀고 결혼을 하고 나면 '가족계획'도 세우고 '내 집 마련'을 위한 목표도 세우게 마련이다. 시간 관리는 하나의 목표를 달성하고 나면 또다시 새로운 목표를 세우고 달성하기 위해 노력하는 프로세스가 반복된다. 이처럼 일회성으로 끝나는 것이 아니라 지속성을 갖기 때문에 시간 관리는 인생 설계이자 우리가 시간 관리 방법을 배워야 하는 이유이기도 하다.

내 인생의 최고의 무기를 연마하는 단계별 방법

세계에서 가장 빨리 자라는 나무는 대나무다. 종에 따라 다르겠지만 하루에 60cm 정도 자라는 경우도 있다. 5,000여 개의 대나무 종류 가운데 최고를 뽑으라면 전문가들은 단연 모죽을 선택할 것이다.

모죽 씨를 땅에 뿌리면 5년 동안은 땅 위로 죽순싹이 나오지 않는다. 하지만 시간이 지나 땅 위로 죽순이 나오기 시작하면 모죽은 하루에 60cm씩 빠르게 성장한다. 5년이라는 시간 동안 모죽은 땅 속에 뿌리를 깊이 내리며 앞으로의 성장을 위해 준비한다. 더 깊이 뿌리를 박을수록 더 높이 자랄 수 있는 것이다.

이처럼 시간 관리도 겉으로 보이는 활동에 대해서만 시간을 기록하고 관리하면 큰 성장을 이룰 수 없다. 모죽이 땅속 깊이 뿌리를 박는 인고의 시간을 가지는 것처럼 시간 관리도 자신만의 내면을 깊이 들여다볼 수 있는 시간이 필요하다. 즉, 자신이 무엇을 원하는지, 인생에서 이루고자 하는 목표가 무엇인지를 먼저 설계해야 한다.

목표 없이 단순히 시간만 기록하고 관리하다 보면 어느 순간 '내가 왜 시간 관리를 하고 있지?'라는 의심이 생기기 시작한다. 그리고 매일 시간을 기록하는 행위 자체가 시간 낭비라는 생각을 하게 된다. 하지만 자기 인생에서 장·단기적으로 목표가 뚜렷하다면, 그 목표를 달성하기 위해 온갖 방법을 찾게 된다. 이때가 바로 시간 관리라는 무기가 최고로 작동하는 시기다.

시간 관리의 절차는 목표를 설정하는 것부터 시작해야 한다. 내가 좋아하는 것은 무엇인지, 내 인생에서 달성해야 하는 목표가 무엇인지 찾는 것부터 시작해야 한다. 그리고 그 목표에 맞춰 할 일들의 우선순위를 배치한다. 그다음은 할 일들을 순서에 맞게 끝내기 위해 시간을 기록하고 평가한다. 이때 시간 기록 및 관리 스킬이 필요하다.

낭비되는 시간을 줄이기 위해서는 일을 효율적·효과적으로 끝내고, 자투리 시간을 활용해야 한다. 또 일을 처리할 때 완벽하게 끝낼 것인지 아니면 기한을 준수할 것인지를 선택해야 한다. 시간 낭비를 줄이기 위해서는 과감히 상대의 부탁을 거절할 수도 있어야 한다. 조각난 시간을 모아서 뭉텅이로 만들고, 뭉텅이 시간에는 책을 읽거나 공부하는 등 자기계발의 시간을 가져야 한다. 꾸준히 독서하고 생각하는 시간을 많이 가진 자만이 성공을 향해 나아갈 수 있다.

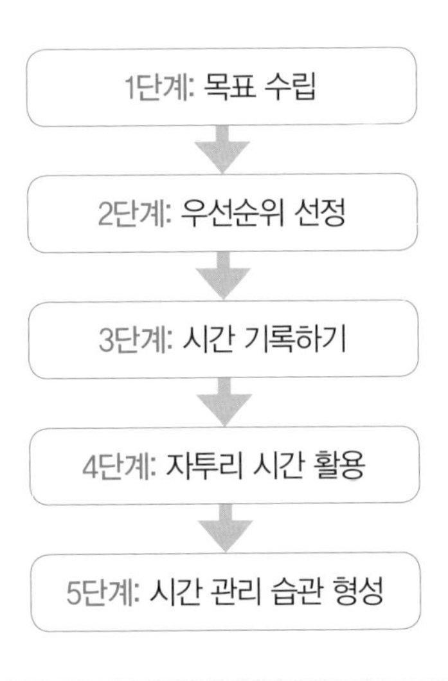

단계별 시간 관리

이 책에서는 시간 관리 단계별로 빌 게이츠와 일론 머스크의 사례를 들어 쉽게 소개하고자 한다. 빌 게이츠는 21세기 최고의 갑부이고, 일론 머스크는 21세기 최고의 혁신가로 불린다. 전혀 연관 없어 보이는 이 두 모델이 시간 관리 측면에서 어떤 연관성이 있는지 살펴볼 것이다.

시간 관리에 있어서 두 사람은 좋은 모델이 된다. 전혀 다른 성향으로 시간을 관리하는 두 사람의 차이점을 살펴볼 수도 있고, 또한 공통점을 통해 기본적으로 우리가 갖춰야 할 기본 소양을 배울 수도 있다.

예를 들면, 빌 게이츠는 차근차근 한 번에 하나의 일을 하지만, 일론 머스크는 한 번에 3~4개의 사업을 추진하면서 엄청난 시간을 투입하여 일을 추진한다. 개인마다 일을 처리함에 있어 선호하는 방법이 다르겠지만, 두 유명인의 시간 관리 사례를 통해 자신에게 맞는 시간 관리 방법을 찾아볼 수 있을 것이다.

시간 관리에 문외한이던 두 사람이 어떻게 효율적인 시간 관리에 눈을 뜨게 되었는지 살펴봄으로써 직장인들은 직무 능력을 키우고, 학생들은 학습적 역량을 높일 수 있는 좋은 기회로 삼을 수 있을 것이다.

1단계: 목표 수립

시간 관리의 출발: 당신이 좋아하는 일은?

시간 관리의 첫걸음은 단순히 시간 계획을 세우는 것에서 시작하는 게 아니라 자신이 좋아하는 것을 찾는 데서부터 시작해야 한다. 분명한 목표가 세워져야 그것을 달성하기 위해 시간을 효과적으로 배치할 수 있기 때문이다.

뚜렷한 목표 없이 시간 관리를 하는 것은 에너지를 낭비하는 것이다. 목표는 없지만 매일 다이어리에 일정 계획 세우고 사용한 시간을 기록한다면, 비록 자신은 열심히 사는 것처럼 느끼지만 그것은 착각에 지나지 않는다.

고구마를 캘 때 열심히 땅만 판다고 고구마가 나오는 것은 아니다. 고구마가 뿌리 내린 곳을 찾아서 흙을 살살 걷어내는 것이 비법이다. 그래야 고구마도 상하지 않고 쉽게 고구마를 캘 수 있다.

시간 관리도 이처럼 정확하게 자신이 가고자 하는 목적지를 세우고, 그곳을 향해 매일 조금씩 가는 것이 비법이다.

물 위에 배를 띄워두고 노질을 하고 있다고 생각해보자. 어디로 가야 하는지도 모른 채 노만 젓고 있다 보면, 어느 순간 깨닫게 된다. '왜 내가 노질을 하고 있지?', '지금 어디로 가고 있지?'

시간 관리를 왜 해야 하는지 한번 의문이 들기 시작하면, 시간 관리가 필요 없다고 생각하고 중단하게 된다. 정작 중요한 고민인 '왜 시간 관리가 필요한가?'에 대해서는 생각해보지 않고 그저 시간만 기록하면서 남의 방법만 흉내 냈기 때문이다.

빌 게이츠와 일론 머스크, 이 둘은 어떤 원대한 목표를 가졌기에 성공할 수 있었을까? 지금부터 그 내용을 살펴보자.

빌 게이츠의 시간 관리 출발점

1967년 가을, 빌은 열두 살 되던 해에 레이크사이드 스쿨Lakeside School에 입학을 한다. 이곳은 300명 정도가 다니는 사립학교로, 워싱턴주 시애틀에서 명문으로 꼽히는 학교였다. 빌은 이곳에서 인생의 목표를 발견하게 된다.

당시 컴퓨터는 일부 회사들만 비즈니스 용도로 사용하는 고가의 제품이었는데, 레이크사이드 스쿨에서 처음으로 기초적인 수준의 컴퓨터인 ARS-33 텔레타이프라는 기계를 학교에 설치했다.

제너럴일렉트릭GE의 컴퓨터에 연결해서 사용했기 때문에 분당 4.8달러의 고비용을 내야 했다. 학교에서는 이 비용을 감당할 수 없었다. 어머니회에서 바자회를 통해 번 3,000달러로 컴퓨터 사용료를 충당했다. 덕분에 빌도 컴퓨터를 사용해볼 수 있었다.

빌은 처음 컴퓨터를 사용해보고 너무 신기했다. 마치 새로운 세상이 열리는 것 같은 느낌이었다. 빌은 곧 컴퓨터에 푹 빠져버린다. 이때부터 빌은 자신의 시간을 컴퓨터와 관련된 활동에 쏟기 시작한다.

우리나라 학생들이 오목을 하는 것처럼 미국 학생들은 삼목 놀이를 한다. 삼목 놀이는 3개의 O, X를 연달아 놓는 사람이 이기는 게임이다. 빌은 열세 살이 되던 해에 삼목 놀이를 할 수 있는 컴퓨터 프로그램을 만들어 친구들과 즐겨했다. 처리 속도가 느려 게임하는 데 반나절이 걸릴 때도 있었다. 하지만 빌은 자신의 명령에 따라 움직이는 컴퓨터가 마냥 신기하기만 했다.

이렇게 행복한 나날에 빠져 지내던 빌에게 청천벽력 같은 소식이 전해진다. 어머니회에서 모금한 돈이 떨어져 더 이상 학교에서 컴퓨터를 사용할 수 없게 된 것이다.

하지만 하늘은 스스로 돕는 자를 돕는다고 하지 않는가. 빌에게 컴퓨터를 사용할 수 있는 기회가 생긴다. 컴퓨터 센터 코퍼레이션 Computer Center Corporation, "C-큐브사"에서 자체 개발한 소프트웨어의 버그를 찾아주는 대가로 컴퓨터를 마음껏 사용할 수 있는 기회를 제공하겠다고 했다.

이 소식을 들은 빌은 수업이 끝나자마자 친구 폴과 함께 C-큐브사로 향한다. 프로그램 오류를 찾아주는 대가로 직원들이 퇴근

하고 나면 컴퓨터를 마음껏 사용할 수 있게 해줬다. 그들은 소프트웨어를 연구하는 것이 너무 행복한 나머지 밤을 새기가 일쑤였다. 심지어 더 많은 내용을 알기 위해 직원들이 쓰레기통에 버린 문서까지 찾아가며 공부를 했다. 마침내 빌은 300페이지에 달하는 〈문제 보고서The Problem Report Book〉를 완성했고, 실제로 C-큐브사는 이 책을 활용했다.

이렇게 빌은 13살 이후부터 컴퓨터에 빠져 컴퓨터에 거의 모든 시간을 할애했다. 하버드대를 자퇴하고 1975년 마이크로소프트사를 설립하기까지 거의 10년 가까이 컴퓨터에 미쳐서 살았던 것이다. 그 덕분에 빌은 대부분의 시간을 컴퓨터에만 온전하게 쓸 수 있었다.

빌은 시간 관리를 위해 빽빽하게 시간 계획을 세울 필요도 없었고, 그 틀에 자신을 가둘 필요도 없었다. 별다른 시간 계획 없이도 빌은 거의 모든 시간을 컴퓨터에 쏟아부었다. 컴퓨터 할 때가 가장 행복했고, 빌이 가장 잘할 수 있는 것이 컴퓨터였기 때문이다.

빌의 사례를 통해서 우리가 배울 수 있는 중요한 시간 관리 포인트는 인생의 '목표 설정'이다. 그냥 목표가 아니라 진정으로 자신이 좋아하는 것을 목표로 세우는 것이야말로 시간 관리의 출발점이 된다.

시간 관리가 어려운 이유

시간 관리가 어렵다는 직장인의 이야기를 들어보면 이유도 다양하다.

그중 첫 번째는 가슴을 뛰게 하는 목표가 없다는 것이다. 자신이 좋아하는 것을 찾기보다는 그저 세상의 흐름에 편승해 같이 흘러가기만 할 뿐이다. 고등학교를 졸업하면 미래를 생각하기보다 그저 수능 점수에 맞는 대학을 찾아가기 바쁘다. 대학에 입학하고 나서도 어영부영 놀다 공부하다 보면 어느새 졸업이다. 남들이 취업하는 걸 보며, 그저 남들보다 좋은 직장에 입사하는 것을 목표로 세우고 달린다. 하지만 막상 직장에 들어와보면 내가 원하는 삶과 너무 다르다. 그제야 비로소 나는 무엇을 해야 할까 고민을 한다. 하지만 목표도 없고 생각도 없다.

반면, 어떤 이는 자신의 분야에서 최고가 될 거라는 목표를 세우고 이를 달성하기 위해 모든 시간을 집중한다. 자신의 업무도 목표의 일부이기 때문에 매 순간 최선을 다하고 기록으로 남긴다. 틈틈이 남는 시간은 자기 분야의 책을 읽고 어떻게 하면 자신의 업무에 적용할지를 고민한다. 그러다 보니 매일 출근하는 것이 즐겁다. 상사가 어떤 일을 시켜도 두렵지 않다. 왜냐하면 지식으로 무장했기 때문에 어떤 일이 주어져도 자신감이 넘친다. 주위 사람들도 고민거리가 있으면 나에게 상담하러 오기 때문에 조언을 해주기 위해서도 더욱 열심히 하게 된다.

두 번째는 생각나는 대로 일을 하다 보니 한 가지 일에 집중하지 못하는 것이다. 내일 상사에게 제출할 보고서를 쓰고 있는데, 갑자기 기획팀 과장에게 전화할 일이 생각난다. 전화 통화를 하면서 메일을 확인하자 업체로부터 납부기한 확인 요청 메일이 와 있다. 간단한 일이겠지 생각하고 메일을 쓴다. 썼다 지우기를 반복하다 보니 20분이 훌쩍 지나갔다. 그때 옆에 있는 직원이 같이 커피 한잔 하자고 한다. 바람도 쐴 겸 밖에 나가서 커피를 한잔한다. 사무실로 들어오니 벌써 점심시간이다. 점심을 먹고 건강을 위해 간단히 회사 주변을 산책하고 사무실로 와서 낮잠을 잔다.

보통 직장인의 하루가 이런 식으로 진행된다. 해야 할 일은 많은데 이것저것 하다 보면 정작 자기 일은 하지 못하고 시간을 보내다가 일과 시간이 끝나고서야 비로소 일하기 시작한다. 그러다 보니 퇴근 시간이 밤 9시, 10시를 훌쩍 넘긴다. 집에 가서는 열심히 일한 자신에게 시원한 맥주 한 캔을 선사하고, TV를 보다가 잠들어버린다. 눈을 떠보니 알람시계는 이미 꺼져 있고, 시계 바늘은 아침 8시를 가리키고 있다. 허둥지둥 고양이 세수를 하고 머리에 물만 묻히고 대충 옷을 입고 뛰어나간다.

직장인이라면 이런 경험이 한두 번쯤 있을 것이다. 나름 열심히 산다고 생각하지만 늘 뭔가에 쫓기는 것 같다. 업무를 하면서 목표한 일을 끝내지 못하는 가장 큰 이유는 일에 대한 계획을 세우지 않고, 우선순위에 따라서 일을 처리하지 않기 때문이다.

정확히 업무 계획을 세우고 우선순위대로 일을 한다면 그날의 중요한 일 3개 정도는 마무리할 수 있다. 괜히 과도한 욕심으로 이것저것 많이 하려고만 하면 끝내는 일은 없고 해야 할 일은 점점 쌓여갈 것이다.

대개 직장인들은 출근 후 컴퓨터를 켜고 계획한 일을 먼저 하기보다, 당장 눈앞에 들어오는 포털 사이트의 뉴스부터 보게 마련이다. 그러다 SNS를 확인하고 새로 올라온 글들을 보면서 즐거워한다. 바로 일할까? 인터넷 기사를 조금만 더 볼까? 진짜로 내가 해야 할 일과 하고 싶은 일을 구분하지 못하는 것이 문제다.

일을 하다 보면 예상치 못한 일이 생기기도 한다. 일찍 퇴근하려고 했는데 갑자기 회의가 잡힌다. 한 시간 회의하고 피곤함에 지친 나에게 팀장이 수고했으니 맥주나 한잔하자고 한다. 거절하기도 뭐해서 지친 몸뚱이를 이끌고 따라간다.

또 누군가는 아무런 죄책감도 느끼지 않고 당신의 시간을 요구하기도 한다. 상사가 갑자기 와서는 "김 대리, 회의 좀 들어와"라고 말하면 어쩔 수 없이 "네"라고 말한다. 정작 회의에 들어가서는 말 한마디 하지 않는 자신이 너무 싫다. 그냥 앉아는 있지만 내 머릿속에는 온통 하다가 만 업무만 떠오른다. 빨리 회의장을 나가고 싶다고 생각하지만, 정작 실천으로 옮기지는 못한다.

우리는 사회규범상 "아니요"라고 말하기가 힘들다. 특히 상하 관계에서는 상사의 지시에 거부하지 못한다. 곰곰이 생각해보면 상사도 중요하지만 내 일도 중요하다. 무엇보다 내 시간이 더욱 중요한 것이다.

직장인은 보통 하루 8시간을 근무한다. 내가 회사에 기여한 시간의 대가로 돈을 받는다. 직장 생활은 시간과 돈을 교환하는 시스템이다. 연봉제의 경우 성과를 많이 내는 사람에게 돈을 더 주기는 하지만 크게 차이는 없다.

세 번째는 역할 갈등의 문제가 생긴다는 것이다. 회사에서 맡은 역할, 가정에서의 역할, 친구로서의 역할 등 다양한 역할을 해야 한다. 업무도 생각해야 하고, 주말엔 가족과 무얼 할지 고민도 해야 한다. 운동도 해야 하는데, 인맥 관리를 위해 회식도 참석해야 하고, 자기계발을 위해 자격증 공부도 해야 한다. 이것저것 다 고려하다 보면 정작 날 위해 쓸 시간이 없다. 매일 24시간이 입금되는 내 시간 통장은 언제 빠져나갔는지 모르게 잔액이 없다.

네 번째는 게을러지는 습성 때문이다. 힘든 일과 쉬운 일이 있다면 당연히 누구나 쉬운 일부터 한다. 힘든 일은 미루고 싶다. 가끔 게을러지고 싶을 때가 있다. 지금 한순간 편안함과 만족함을 위해 게으름과 타협하고 자신을 합리화시키는 게 인간이다. 앉으면 눕고 싶고, 누우면 자고 싶다. 일도 마찬가지다. 게을러지려고 하면 끝도 없이 게을러지는 게 인간이다.

하지만 힘든 일을 하다 보면 일 근육이 생겨 점점 실력이 붙고, 요령이 생겨 어려운 일도 쉬워지게 마련이다. 오늘의 게으름이 내일의 불안함을 일으킨다는 사실을 명심하고 지금의 순간에 최선을 다해야 한다.

다섯 번째는 스마트폰이 우리의 시간을 훔쳐가고 있다는 것이다. 기술이 발전하면서 짧은 시간에 편리하게 이동할 수 있고 언제든지 원하는 상대방과 연락할 수 있게 되었다. 하지만 이러한 기술 발전으로 인간의 삶이 더욱더 여유로워지기는커녕 더욱 바쁘게 만들었다. 늘 시간이 부족하고, 바쁘다는 말을 입에 달고 산다.

우리는 항상 스마트폰을 들고 다니면서 잠시도 자신에게 쉴 틈을 주지 않는다. 항상 무언가를 보고 있다. 쉴 시간이 없다. 언제 어디에 있든지 실시간 연락을 받고 업무를 처리해야 한다. 인간이 편리하자고 만들어놓은 기술이 우리 삶을 얽매고 더욱더 압박을 가한다.

시간을 관리하는 데는 고려 사항도 많고 어려움도 많다. 하지만 자신에게 더 많은 기쁨과 자유를 선사하기 위해서는 시간을 지배할 수 있어야 한다. 이렇게 하기 위해서는 '시간 기록'에서부터 시작하는 것이 아니라 빌 게이츠처럼 가슴을 뛰게 하는 '목표 선정'부터 시작해야 한다.

이제부터라도 여러분을 사랑에 빠지게 해줄 멋진 목표부터 찾아보자. 혹시 아는가? 세계 최고의 부자인 빌 게이츠보다 훨씬 부자로 만들어줄 목표가 당신의 가슴속에 뛰고 있을지도.

일론 머스크, 일주일에 100시간 일하는 괴짜

2009년 9월 28일 오후 4시 15분, 하와이에서 남서쪽으로 3,900km 떨어진 콰잘레인 환초의 미사일 방위 시험장에 21.3m 높이에 직경 1.7m인 펠컨 1호가 발사대 위에 올라섰다. 파란색 도화지에 흰 구름이 수놓은 하늘은 언제든지 로켓을 맞이할 준비가 되어 있다. 하지만 오늘따라 하얀 펠컨 1호의 모습은 수술대에 올라선 환자마냥 창백해 보인다. 2006년부터 이어진 세 번의 실패가 부담스러웠던 것일까? 아니면 이번 발사가 스페이스X의 미래를 바꿀 역사적인 사건임을 알고 있어서일까?

발사 당일, 로스앤젤레스 집에서 눈을 뜬 일론은 도저히 발사 실패에 대한 두려움을 떨칠 수가 없었다. 이미 통장 잔고는 바닥을 드러내고 있었다. 이번 발사가 회사의 흥망을 가르는 중요한 일임을 알고 있었다. 지난 몇 달 동안 주말도 쉬지 않고 한 주에 100시간 이상을 미친 듯이 일하며 발사 준비에 만전을 기했다.

일론은 회사로 출근해서 발사 상황을 진두지휘하기보다는 5명의 아이들을 데리고 디즈니랜드로 향했다. 아이들이 뛰어노는 모습을 보며 머리가 터질 것 같은 스트레스, 어깨를 누르는 압박감을 떨쳐버리고 싶었다.

2008년은 일론에게 고난의 시기였다. 미국 경제는 세계 4대 투자은행이던 리먼 브라더스의 파산 사태로 경기가 바닥을 치고 있었다. 테슬라는 예약 주문을 받은 1,200대 차를 제때 공급하지 못하면서 고객의 신뢰를 잃고 말았다.

회사 은행 잔고가 900만 달러밖에 안 된다는 소문이 언론을 통해 퍼지기 시작하면서 도산에 대한 불안감이 엄습하고 있었다. 스페이스X도 재정이 바닥을 드러내고 있어 이번 발사를 실패하면 회사가 마지막이 될 수도 있는 상황이었다. 게다가 아내 저스틴과의 관계도 삐걱거리기 시작하더니 6월 16일 이혼 소송이 진행되면서 일론의 인생은 보이지 않는 바닥으로 끝없이 떨어지고 있었다.

이러한 일론의 마음을 읽은 것일까? 펠컨 1호는 불안한 듯 스페이스X와 일론의 미래를 짊어지고 발사대에 섰다. 드디어 카운트다운이 시작되었고, "5, 4, 3, 2, 1, 0" 소리와 함께 펠컨 1호는 엄청난 화염을 내뿜으며 창공으로 날아올랐다.

지난 발사 때 1단계와 2단계 분리에 실패한 탓에 다들 1단계 분리까지 숨죽이면서 상황을 지켜보고 있었다. 2분 26초가 지나고 첫 번째 1단계 분리가 성공적으로 진행되자 다들 박수를 치기 시작했다. 3분 12초가 지나면서 인공위성 보호 덮개인 페어링 분리에 성공했다. 9분 20초가 지나고 엔진이 꺼지자 여기저기서 성공의 환호성이 터져 나왔다. 이로써 펠컨 1호는 세계 최초로 민간이 발사한 우주로켓으로 지구 역사에 남게 되었다.

좋아하는 것을 찾아라

일론은 누구도 도전하지 못한 우주발사체 시장에 민간 기업 최초로 진입하여, 펠컨 1호 발사를 성공적으로 마치며 전 세계를 놀라게 했다.

일론은 인구가 지속적으로 늘어나고 환경오염이 나날이 심각해지면 인류가 더 이상 지구에서 살기가 어렵다고 생각했다. 그리하여 지구에 사는 사람들을 화성으로 이주시키는 것을 삶의 목표로 세웠다. 일론은 이것이야말로 인류를 위한 일이고, 보다 나은 세상을 만드는 것이라는 사명감을 가지고 있었다. 2025년경에는 사람들을 화성으로 이주시키고, 그도 여생을 화성에서 마무리하고 싶다고 했다.

일론이 일주일에 100시간을 일할 수 있었던 것은 뚜렷한 목표가 그를 움직였기 때문이다. 시간 관리의 첫 번째는 뚜렷한 목표를 세우고 거기에 전념하는 것이다. '시간 관리=인생 설계' 공식이 일론에게도 통하는 것이다.

일론의 뚜렷한 목표는 낭비 없이 시간 관리를 할 수 있도록 그의 삶을 이끌어주었다. 빌 게이츠의 경우도 마찬가지였다. 학창 시절에 컴퓨터와 사랑에 빠졌고, 그 이후로 평생을 컴퓨터 소프트웨어 개발에 몰입했기 때문에 시간을 낭비할 틈이 없었다.

빌과 일론의 공통점은 둘 다 일찍부터 좋아하는 것을 찾아 뚜렷한 목표를 세웠다는 것이다. 하지만 빌은 자신이 좋아하고 잘할 수 있는 강점에만 집중했다. 오로지 소프트웨어에 대한 믿음이 있었고, 자신이 잘할 수 있는 소프트웨어에만 집중했다. 소프트웨어를 만들다 보면 하드웨어도 알게 되고 하드웨어 사업도 충분히 해볼 만했을 텐데, 빌은 한눈팔지 않고 자신이 잘할 수 있는 소프트웨어에만 모든 역량을 집중했다.

이에 반해 일론은 강점과 약점을 넘어 다양성을 추구했다. 1995년에 인터넷을 기반으로 지역 정보 제공 서비스인 Zip2를 창업하고, 이를 2,200만 달러에 컴팩에 매각했다. 그 후 1,000만 달러를 투자해 엑스닷컴X.com이라는 온라인 금융 서비스 회사를 설립했다. 이 회사는 향후 페이팔PayPal이 되었고, 2002년에 페이팔을 이베이에 매각하면서 머스크는 1.65억 달러를 벌어들였다.

이후 일론은 엉뚱하게도 우주로켓 산업으로 진출해서 스페이스X를 만들고, 2004년에 전기차를 만드는 테슬라의 CEO가 되었다. 2006년에는 태양광발전 회사인 솔라시티의 회장이 된다. 2013년에는 진공관 튜브 열차인 하이퍼루프를 공개했고, 2015년에는 비영리 인공지능 회사인 오픈 AI를 설립한다. 2016년에는 교통 체증을 해결하기 위해 보링컴퍼니를 설립하고, 뇌에 관해 연구하는 뉴럴링크를 설립한다.

이처럼 빌은 강점에 집중한 반면, 일론은 약점을 지속적으로 보완해나갔다. 빌이 국어·영어·수학 과목 가운데 만점을 받을 수 있는 수학에 집중해서 공부했다면, 일론은 수학도 하고 국어도 하고 영어도 공부하면서 낮은 점수를 받는 과목을 계속 강화해나가며 전 과목 만점에 도전했다.

이러한 둘의 성향 차이는 연애관에서도 명백히 드러난다. 빌은 1994년 1월 1일에 회사 직원이던 멜린다 프렌치와 결혼했다. 세계에서 제일 갑부였던 빌은 지극히 평범한 여성을 아내로 맞이했다. 이 둘은 지금까지도 슬하에 1남 2녀를 두고 행복하게 살고 있다.

이에 반해 머스크는 퀸스대학에서 만난 저스틴 윌슨과 2000년에 결혼하고 슬하에 5명의 아들을 두었다. 하지만 2008년에 저스틴과 이혼하고 2010년에 영화배우 탈룰라 라일리와 결혼하지만 2012년에 이혼을 한다. 다시 탈룰라와 2013년에 재혼하지만 2016년 또다시 이혼한다. 그 후 2년 정도 영화배우인 앰버 허드와 교제를 하다가 헤어지고, 2018년부터 캐나다 출신의 가수인 그라임스와 교제를 시작했다.

한 가지에만 집중하는 빌과 다양한 분야에 관심을 드러낸 일론은 일에서도 연애에서도 분명하게 다른 성향을 드러낸다. 강점에 집중할 것이냐 약점을 강화할 것이냐는 본인이 선택하기 나름이다. 분명한 것은 계속 목표를 세우고 달성해나가는 것이 자신의 시간을 정복하는 가장 중요한 길이라는 사실이다.

올바른 목표 수립 방법:
OKR(Objective and Key Results)

바둑을 두다 보면 고수와 하수가 쉽게 구분된다. 하수는 눈앞에 보이는 한 집 따먹기에 급급하지만, 고수는 눈앞의 한 집보다는 전체를 바라보며 승리를 향해 한 수 한 수를 둔다.

일론 머스크는 괴짜 사업가다. 우주발사체, 전기차, 태양광 등 그가 하는 사업들은 중구난방이다. 심지어 중력을 벗어나 화성에 사람이 살 거주지를 만들 계획도 세우고 있다. 마치 그는 바둑의 하수마냥 눈앞에 닥치는 대로 사업을 하고 있는 듯하다.

하지만 그의 사업들을 자세히 살펴보면 일론이 얼마나 고수인지를 알 수 있다. 괴짜처럼 특이한 사업에만 손을 대는 것처럼 보이지만, 실상은 치밀하게 짜인 바둑판에서 한 수 한 수 바둑알을 놓고 있는 것이다.

일론의 궁극적인 목표는 '화성에 식민지를 건설하는 것'이다. 화성에 사람이 살 수 있는 공간을 만들고, 지구인들을 화성에 실어 나르는 것이다. 그렇게 하기 위해선 우선 이동수단이 필요하다. 이 동수단은 우리가 비행기를 믿고 타는 것처럼 안전해야 하고 동시에 저렴해야 한다.

화성까지 가기에는 거리가 멀고 오랜 시간이 소요된다. 화성은 지구와 가장 가까운 천체이지만, 근일점을 기준으로 둘 사이의 거리는 5,600만km나 된다. 시속 58,000km인 NASA의 우주선으로 화성에 간다면 40일이 소요된다. 시간도 시간이지만 2000년 초만 해도 우주발사체를 개발하는 데 약 3조 원이 들었다. 만약 10명이 우주선에 탈 수 있다면 발사 비용은 별도로 치더라도 개발비만 1인당 3,000억 원을 내야 하는 것이다. 한마디로 터무니없이 비싼 가격이다.

과연 이 돈을 내고 누가 화성으로 갈까? 하지만 일론은 기존 발사체 가격의 10분의 1로 새로운 발사체를 만들 수 있다고 믿었고, 이를 달성하기 위해 민간 기업으로는 최초로 우주발사체 산업에 진출한다.

사람들이 지구에서 화성으로 이동했다면, 그다음은 화성 내에서 이동하는 문제를 해결해야 한다. 지구에서처럼 자동차를 쓰면 편리하겠지만 지구에서 쓰는 내연기관차는 기름을 주 에너지원으로 사용한다. 화성에는 기름이 없기 때문에 대체 에너지원을 찾아야 한다.

일론은 그것을 태양광으로 보았다. 태양에서 화성까지는 2억 2,800만km이다. 빛은 초당 30만km를 갈 수 있으므로 태양에서 화성까지 12.69분이 소요되지만 한없이 쓸 수 있는 자원이다. 태양광을 활용해 전기에너지로 활용할 수 있다면 전기차를 화성에서도 충분히 사용할 수 있다. 그래서 일론은 전기차 회사인 테슬라에 초기 자금을 투자해 최대주주로 올라서고 CEO가 되었다.

일론은 전기차 보급을 위해 관련 기술을 모두 공개하고, 전기차 원가 절감을 통해 대중화에 앞장섰다. 뿐만 아니라 태양광 서비스를 제공하는 솔라시티의 이사회 의장이 된다. 이렇게 서로 다른 것 같은 사업들이 어느새 바둑판 위에서 한 돌 한 돌 채워가고 있었던 것이다.

일론이 하고 있는 목표를 정리해보면 다음과 같다.

* 목표: 화성에 식민지 건설

* 제반 사항

- 현재의 1/10 비용으로 우주선 개발
- 태양광을 에너지원으로 활용하도록 개발
- 전기에너지를 활용한 차량 운영

그렇다면 일론의 목표는 잘 수립되었을까? 조지 도란George Doran이 1981년에 발표한 논문〈There's S.M.A.R.T. Way to Write Management Goals and Objective〉에 소개된 SMART 방식에 따르면, 일론의 목표는 잘못된 목표 설정의 사례가 된다. 우선 SMART 방식을 살펴보자.

목표는,

S: 개선을 위해 명확하고 구체적이어야 하며(Specific)

M: 수치로 표현해 측정 가능해야 하며(Measurable)

A: 누가 할지 분명해야 하며(Assignable)

R: 현실적으로 달성 가능해야 하며(Realistic)

T: 달성 가능한 시간이 명시되어야 한다(Time-related).

위의 방식대로라면 일론의 목표는 바람직하지 못하다. 왜냐하면 '화성에 식민지 건설'은 명확하지도 않고, 측정이 불가능하며, 누가 어떻게 언제까지 할지에 대한 내용이 없기 때문이다.

하지만 1999년에 존 도어John Doerr가 구글에 소개한 OKR Objective and Key Results 방법에는 기가 막히게 들어맞는다.

* Objective: 질적 목표

* Key results: 양적 목표

- O는 목표(Objective)를 의미한다. 주로 질적인 목표를 이야기한다. 일론 머스크의 경우에는 '화성에 식민지 건설'이 될 것이고, 또 누군가에게는 '다이어트'가 목표일 수도 있다.
- KR은 핵심 결과(Key Results)다. 목표를 달성하기 위해 핵심적으로 추구해야 하는 주요 성과물로써, 주로 양적인 목표를 의미한다.

OKR 방법은 과거의 목표를 설정하고 달성하기보다 앞으로의 목표를 달성하기 위해 추구해야 하는 것들을 한눈에 보여준다. 목표는 가슴을 뛰게 만드는 질적인 목표로 수립되어야 한다.

앞서 살펴본 일론의 목표는 OKR에 기가 막히게 들어맞는다. '화성에 식민지 건설'이라는 목표를 세우고, 이를 달성하기 위해 이루어야 하는 주요 성과물을 수립하였다. 기업의 경우 목표를 달성하기 위해 팀별, 개인별로 달성해야 할 주요 성과물을 별도로 설정할 수 있다. 그러고 나서 이를 주간 단위 또는 정기적으로 체크하며 목표 달성을 할 수 있도록 하는 것이다.

이를 통해 목표 달성을 위해 선행되어야 할 성과물에 대해서도 체크할 수 있고, 진척도를 매주 확인함으로써 진행 사항을 확인할 수도 있다. 또한 기업의 경우 목표에 대해 부서별, 개인별로 달성해야 할 주요 성과물이 무엇인지 알 수 있기 때문에 목표 달성이 체계적으로 이루어지는 장점이 있다.

최신 기법인 OKR 방식을 활용할 경우 목표Objective는 최종적으로 달성해야 할 도전적인 질적 목표를 세우고, 주요 성과물Key Results은 SMART 방식을 적용하여 양적인 목표를 세운다. 그리고 정기적으로 진행 사항을 체크한다면 체계적으로 목표에 달성할 수 있을 것이다.

이 장에서 우리는 시간 관리를 잘하기 위해서는 좋아하는 것을 찾는 것이 출발점이라는 사실을 배웠다. 청소년 시기에 빌은 시간 관리를 위해 빡빡하게 시간표를 세우고 점검할 필요가 없었다. 빌은 자신이 하고자 하는 분명한 목표를 찾았고, 모든 시간을 컴퓨터 관련 활동을 하는 데 쏟았기 때문이다.

일론도 빌과 마찬가지로 화성에 식민지를 구축하는 데 모든 열정을 쏟았다. 이것이야말로 일론의 심장을 뛰게 하고, 그만이 할 수 있는 일임을 알았기 때문이다.

이 둘의 사례를 통해 우리는 시간 관리가 빡빡하게 자신의 시간을 기록하고 관리하는 것에서 시작하는 게 아니라, 자신이 좋아하는 것을 찾고 목표를 세우는 것에서 시작된다는 것을 배웠다. 그리고 그 목표와 사랑에 빠져야 한다. 그러면 24시간을 온전히 자신의 목표에 집중하여 살 수 있다. 자연스럽게 시간의 정복자가 될 수 있다.

1 시간 관리는 단순히 시간만 관리하는 것이 아니라 인생을 관리하는 것이다.

2 시간 관리의 출발점은 '좋아하는 것을 찾아 목표를 세우는 것'이다.

3 시간 관리에 문외한이던 빌은 컴퓨터와 사랑에 빠지기 시작하면서 자신의 시간을 자신이 원하는 컴퓨터 관련 활동에 쏟을 수 있었다.

4 일론이 주당 80~100시간을 일할 수 있었던 이유도 '화성에 식민지 개발'이라는 뚜렷한 목표가 있었기 때문이다.

5 목표 수립 방법을 위한 OKR과 SMART 법칙을 몸에 새기자.

2단계:
우선순위 선정

우선순위를 정하기 위한 인생 관리:
한강을 건너보자

우선순위와 관련해서 시간 관리 책에 단골 메뉴로 등장하는 기법이 아이젠하워의 법칙이다. 이 기법은 일을 긴급성과 중요성에 따라 배치한다. '긴급하고 중요한 일', '긴급하지만 중요하지 않은 일', '긴급하지 않지만 중요한 일', '긴급하지도 중요하지도 않은 일'로 나눠서 우선순위를 정한다.

긴급하고 중요한 일은 바로 처리해야 하지만, 대부분의 급한 일들은 긴급하지만 중요하지 않은 일들이 많다. 이 경우 급한 일은 다른 사람에게 업무를 위임하여 처리하고 자신은 중요한 일에 좀 더 많은 시간을 할애하는 것이 바람직하다. 왜냐하면 긴급하진 않지만 중요한 일을 많이 하는 사람이 성공할 확률이 높기 때문이다.

아이젠하워의 법칙은 이론적으로 훌륭하고, 업무를 이 프레임에 넣어 분류하는 데는 꽤 유용하다. 하지만 현실에서 일어나는 모든 문제를 이 프레임에 넣어 분석하고 진행하기에는 어려움이 따른다. 특히 우리 삶에서 일어나는 일들은 즉각적인 의사 결정을 요구하는 문제들이 많다.

예를 들어, 팀장이 오늘 저녁에 맥주 한잔하기를 원한다고 치자. 하지만 당신은 오늘 저녁 집에 있는 아이들과 이미 선약을 했다. 직장인이라면 누구나 흔히 겪는 일이다. 당신이라면 어떻게 할 것인가? 어쩔 수 없이 팀장과 저녁시간을 보내야 한다는 사람도 있을 것이고, 이미 아이들과 선약했기 때문에 아이들과 함께 보내야 한다는 사람도 있을 것이다.

여기서 우리가 초점을 맞추어야 할 문제의 핵심은 이 일이 긴급하고 중요한 일인가의 여부다. 대화의 주제에 따라 다르기는 하겠지만 중요한 일이 될 수도 있고 아닐 수도 있다. 팀장이 특별한 용건이 있는 경우라면 중요한 일이 될 수도 있겠지만, 팀장이 집에 가기도 싫고 혼자 시간 보내기가 심심해서 부른 거라면 중요하지 않는 일이 될 수도 있다. 결국 이 틀로는 현실에서 일어나는 문제에 대해서 의사 결정이 쉽지 않다.

그렇다면 어떻게 우선순위를 결정하는 것이 바람직할까? 필자가 쓰는 방법은 '한강 건너기'이다. 당신이 한강을 앞에 두고 서 있다고 상상해보자.

1km 떨어진 잠실대교 건너편에 팀장이 서서 당신에게 구조를 요청하고 있다고 가정해보자. 주변에는 아무도 없고, 갈 수 있는 방법이라곤 수영밖에 없다. 당신이 수영을 잘하고 못하고는 중요하지 않다. 목숨을 걸고 물을 건너가 팀장을 구할 것인가, 아니면 그냥 지켜볼 것인가.

대부분의 사람들은 못 간다고 할 것이다. 자신의 목숨을 걸고 팀장을 구한다고 해서 팀장이 내 인생을 책임져주지 않는다는 것을 잘 알기 때문이다. 그렇다면 당신의 아들이나 딸이 잠실대교 건너편에서 구해달라고 소리치고 있다면 어떻게 할 것인가? 당신은 수영 실력과 상관없이 어떻게든 헤엄쳐 한강을 건너서 아이들을 구할 것이다.

자, 어떤가? 일상생활에서 발생하는 우선순위의 문제에 대한 해결법이 의외로 쉽지 않은가? 역할 갈등 문제는 우리 삶에서 항상 발생한다. 그때 가장 쉬운 방법은 한강 건너편에 문제가 되는 요소를 두고 생각해보라. 그리고 건널지 말지에 대해 생각하면 결정이 한결 쉬울 것이다. 만약 두 가지 요인 모두가 여러분에게 한강을 건너게 할 동기부여가 되지 않는다면 그것은 분명 사소한 문제일 것이다.

빌 게이츠의 갈림길: 하버드냐, 창업이냐

1975년 1월 어느 추운 겨울날, 빌의 기숙사인 커리어 하우스 Currier House에서 빌과 앨런은 당시 가장 유명했던 전자기술 잡지인 〈파퓰러 일렉트로닉스Popular Elcctronics〉 1월호를 보며 이야기를 나누고 있었다. 표지에는 세계 최초로 상업용 컴퓨터 모델의 라이벌인 미니컴퓨터 키트 '알테어Altair 8800'의 사진이 실려 있었다. 그 당시 컴퓨터는 고가 제품으로, 주로 기업에서만 사용되었다. 큰 부피와 저사양으로 일반 가정에서 사용하기에는 어려움이 따랐다.

빌은 가정마다 컴퓨터가 한 대씩 보급되는 세상을 꿈꾸고 있었기에 새로운 컴퓨터는 빌의 심장을 뛰게 할 만큼 놀라운 혁신 제품이었다. 또한 상업용 제품 대비 천 달러를 절약할 수 있다는 문구

Save $1,000가 빌이 꿈꾸는 미래에 대해 더욱 확신을 가질 수 있게 해주었다. 빌은 주체할 수 없이 뛰는 심장을 부여잡고 컴퓨터가 보급될 미래에 대해 보다 선명하게 꿈을 그리기 시작했다. 이제 빌은 자신이 가야 할 길에 대해서 더 이상 의심을 하지 않게 되었다.

1974년에 개발된 MITS사의 '알테어 8800'은 세계 최초의 퍼스널 컴퓨터 개인용 소형 컴퓨터로, 인텔의 8080 CPU를 장착했다. 말이 좋아 컴퓨터지, 소형 컴퓨터라고 부르기에는 성능이 형편없었다. '알테어 8800'은 하단에 8인치 플로피 디스크를 장착했고, 상단에 토글스위치와 출력값을 보여주는 LED로 구성된 기계에 불과했다. 단순히 컴퓨터가 이런 방식으로 작동하는 것임을 보여주는 기계였다.

당시 이 제품은 439달러 오늘날 약 2,000달러라는 저렴한 가격에 출시되었다. 컴퓨터에 관심 있는 사람들이 구입하기에는 충분히 매력적인 가격이었다.

레이크사이드 스쿨에서 컴퓨터 프로그램을 짜며 청소년기를 보낸 빌과 앨런은 설레는 마음으로 알테어 8800에 쓰일 새로운 언어 프로그램을 개발하려고 시도했다.

1975년 1월 빌은 코딩도 하기 전에 무작정 MITS사의 사장인 에드 로버츠에게 전화를 걸어, 자신이 알테어 8800용 프로그래밍 언어를 개발하는 팀이라고 소개했다. 혹시나 빌이 개발하려는 소프트웨어에 관심이 있는지를 물어보려고 했는데, 로버츠가 "우리 회사도 아직 준비가 안 되었으니 한 달 뒤에 와주시오"라고 답했다. 전화를 끊자마자 빌은 알테어 베이직 언어를 프로그래밍하기 위해 하버드대학 컴퓨터실로 뛰어갔다.

8주 동안 그들은 공부와 포커를 그만두고 밤새 미친 듯이 코딩 작업을 했다. 그리고 1975년 2월 말에 3.2K의 놀라운 용량으로 프로그램을 완성한다. 그러고는 앨버커키에 위치한 MITS사에 가서 데모 버전을 성공적으로 시현한 결과, 알테어 컴퓨터에 빌이 개발한 알테어 베이직Altair Basic을 사용하는 계약을 체결한다. 그 결과 앨런은 MITS사에 고용되고, 빌은 다시 하버드대학으로 돌아와서 2학년 봄 학기를 수강한다.

빌은 봄 학기를 수강하는 내내 자신의 마음이 이미 학교를 떠났음을 확인했다. 학기가 마치자마자 빌은 앨런이 있는 앨버커키로 갔다. 그러고는 거기서 마이크로소프트사를 창업하고 하버드로 돌아가지 않았다.

2007년 6월, 빌은 33년 만에 하버드로 돌아온다. 이날 빌은 대학으로부터 명예박사 학위를 수여받고, 졸업생 대표로 축사를 한다. 그의 연설의 첫 문장은 다음과 같다.

"제가 이 말을 하기 위해 30년을 넘게 기다렸습니다. 아빠, 제가 하버드로 돌아와서 학위를 받을 거라고 말씀드렸잖아요."

하버드 졸업장이냐, 창업이냐

빌은 하버드 졸업장과 마이크로소프트 창업을 두고 많이 고민했을 것이다. '1년 반만 더 다니면 하버드 졸업생이 될 텐데, 뭐가 그리 급해서 학교를 중퇴했을까', '부모님의 반대를 무릅쓰고 학교를 중퇴하는 선택은 바람직한 것일까'라는 의구심도 들었을 것이다. 하지만 당시 개인용 컴퓨터의 등장으로 급변하는 기술적 환경을 고려해본다면 빌에게는 일분일초가 시급했다.

'하버드 졸업장이냐, 창업이냐.' 빌이 추구하는 가치관에 따라 우선순위가 결정된다. 자신의 가치관이 정립된 사람이라면 의사 결정이 쉬울 수 있겠지만, 인생 경험이 풍부한 사람이라도 완벽한 가치관을 형성하기란 쉽지 않다.

그렇다면 자기 인생에서 중요한 의사 결정의 순간에 직면하게 되었을 때 우선순위 결정을 어떻게 하면 좋을까? 이 한 번의 결정은 자기 인생에서, 그리고 앞으로의 삶에서 시간을 관리하는 데 중요한 영향을 미치기 때문에 이 부분을 짚고 넘어가는 것은 매우 중요하다.

인생 곡선과 인생 창문

인생 곡선(Life curve)

빌의 삶을 보면 참으로 흥미롭다. 성공의 정점에 다다랐을 때 그는 모든 것을 내려두고 또다시 새로운 도전을 찾아 떠난다. 앞서 살펴본 것처럼 하버드대학 2학년을 마치고 1년 반이라는 시간만 버티면 졸업장을 받을 수 있음에도 불구하고 그는 과감히 중퇴를 선택했다. 빌의 인생에서 우선순위는 종이 한 장의 졸업장보다는 마이크로소프트였던 것이다.

빌은 2008년 마이크로소프트 회장직을 내려놓았다. 그러고는 홀연히 자선사업가로 변신했다. 빌&멜린다 게이츠 재단에 전념하며, 인류를 위해 자신의 재산을 기꺼이 내놓는 멋진 자선사업가가 된 것이다. 빌은 인생의 정점에서 인생의 마지막을 내다보며 새로운 인생 곡선을 만들어나갔다.

빌의 인생 곡선을 그려보면 그의 인생은 자신이 원하는 방향으로 상당히 체계적으로 성장해나갔음을 알 수 있다. 초기에는 레이크사이드 스쿨에서 컴퓨터 프로그램 기술을 연마하며 하나의 작은 곡선을 만들어갔다. 처음에는 컴퓨터와 관련된 능력의 발전 속도는 다소 느렸지만, 시간이 지나면서 실력이 늘고 발전 속도도 갈수록 빨라졌다.

빌의 실력이 정점에 다다랐을 때 그는 마이크로소프트라는 새로운 창업 곡선을 만들어나갔다. 이 곡선도 처음에는 성장이 더뎠지만 시간이 지남에 따라 그 속도가 기하급수적으로 빨라지면서 엄청난 성장을 이루었다.

성장 곡선의 특징은 처음에는 발전 속도가 느리다가 어느 정도 실력이 붙으면 그 속도가 점점 빨라진다는 것이다. 그러다 어느 순간에 이르러서는 정체기에 다다르고, 점차 퇴보하게 된다. 이때 새로운 곡선을 만들어가는 것이 중요하다.

빌의 인생 곡선은 우리에게 시간 관리 측면에서 여러 가지 시사점을 준다.

첫 번째는 인생 성장 경로다. 빌의 인생 발전 단계는 '자신→조직→사회'로 나아간다. 처음에는 자신이 좋아하는 컴퓨터 프로그래밍을 하기 위해 자신의 시간을 이에 맞추었다. 한동안 실력을 쌓는 시간을 거치며 능력을 키워나갔다. 실력이 어느 정도 수준에 이르렀을 때 회사를 설립해 조직을 운영했다. 그리고 마이크로소프트라는 조직을 세계에서 가장 큰 회사로 키웠다.

그는 전 세계를 위해 자선단체를 만들어 사회 경영을 하며, 자신의 능력을 최대치로 활용하고 있다. 단순히 돈만 많은 갑부가 아니라 사회를 이끌어나갈 수 있는 리더로 성장한 것이다. 자기 경영에서 시작하여 조직을 경영하고, 사회를 경영하는 큰 그릇으로 성장해나가는 인생 곡선을 보여주었다. 우리 인생의 프레임도 자신, 조직, 사회로 확장해 발전해나가야 함을 알려주고 있다.

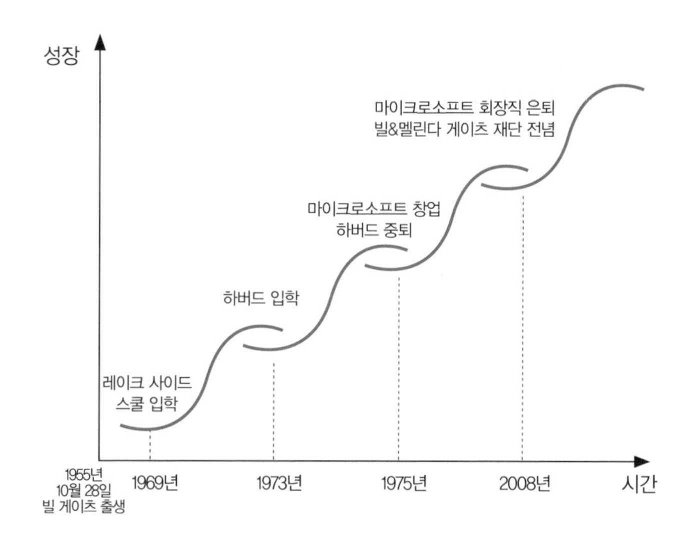

빌 게이츠의 인생 곡선

두 번째는 인생 곡선의 끝을 보며 살아가는 것이다. 강물이 흘러 바다로 가고, 버스도 최종 목적지를 향해 달리는 것처럼 우리 삶에도 종착역이 있다. 그 종착역은 누구에게나 동일하다. 우리는 인간이고, 모든 인간은 죽음을 맞이한다는 진리가 바로 그것이다. 즉 인간의 인생 곡선의 끝은 죽음이다. 어차피 누구나 죽으니깐 마음껏 즐기며 살아가야 한다는 것이 아니다. 우리 모두 다음 세대에 보다 나은 무언가를 줄 수 있는 일을 해야 한다.

호사유피 인사유명虎死留皮 人死留名이라는 말을 한 번쯤 들어봤을 것이다. '호랑이는 죽어서 가죽을 남기고 사람은 죽어서 이름을 남기게 된다'는 뜻이다. 죽으면 육체는 없어지지만 우리의 이름 석 자는 영원히 살아서 숨을 쉴 것이다.

빌도 인간이기 때문에 언젠가는 죽는다. 하지만 그가 죽은 후에도 그가 세운 빌&멜린다 게이츠 재단은 여전히 다음 세대로 이어져서 보다 나은 세상을 만드는 데 기여할 것이다. 그의 이름은 살아서 다음 세대로, 또 그 후대로 전해질 것이다.

세 번째는 자신의 강점에 집중해서 인생 곡선을 그려나가야 한다는 것이다. 빌의 경우도 어린 시절부터 자신이 수학에 강점이 있다는 걸 알고 있었다. 그리고 그 강점을 활용해 컴퓨터 운영체제를 만드는 데 적극 활용했다.

만약 빌이 부모님이 원하는 대로 변호사가 되었다면, 법과 관련된 역량을 개발해야 했을 것이다. 달리 말해 자신의 약점을 강화하기 위해 엄청난 노력을 쏟아부어야 했을 것이다. 약점이 개선되었다고 하더라고 지금의 빌처럼 세계 최고의 갑부로 성공할 수는 없었을 것이다.

성공적인 인생 곡선을 그리고 싶다면 빌처럼 강점에 집중해서 인생 곡선을 그려나가야 한다.

인생 곡선은 길게 하나의 선으로 이루어질 수도 있고, 짧은 선이 여러 개로 이루어진 그림으로 그릴 수도 있다. 다양한 곡선을 그리며 자신의 미래 모습을 그려가야 한다. 자신의 미래 모습을 어떻게 그려야 할지 고민이 된다면, 다음의 인생 창문을 참고해보자.

인생 창문(Life Windows)

자신의 미래 모습을 간단히 그려볼 수 있는 방법이 있다. 창문 9개를 통해서 자신의 삶을 투영해보는 것이다. 이 방법은 TRIZ 창의적 문제해결 이론에서 미래의 기술을 예측할 때 사용하는 방법이다. 하지만 우리 인생에 접목시켜도 잘 들어맞는다.

인생 곡선을 통해서 자신이 나아갈 방향과 큰 줄기를 그릴 수 있다면, 인생 창문은 자신의 미래를 좀 더 구체적으로 그려볼 수 있다.

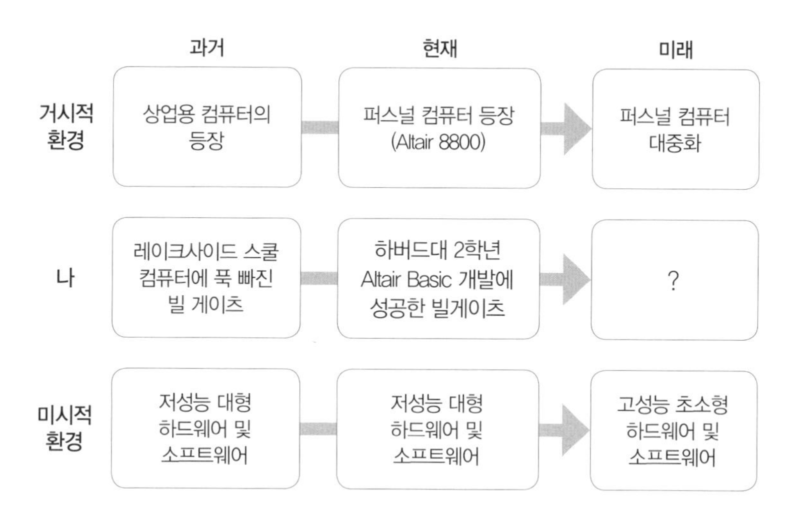

1975년 빌 게이츠의 인생 창문

먼저, 9개의 창문을 위의 그림처럼 그린다. 그리고 가로축과 세로축을 그린다. 가로축은 과거, 현재, 미래를 나타내는 시간의 축이고, 세로축은 자신을 둘러싼 환경에 대한 축이다. 정중앙 칸에는 자신의 현재를 쓰고, 그 위에는 자신을 둘러싸고 있는 거시적인 환경을, 아래 칸에는 미시적인 환경을 쓴다. 그리고 나서 자신을 둘러싼 환경적인 요소와 자신의 모습을 과거와 현재로 살펴보면 미래의 모습을 예측해볼 수 있다.

빌이 1975년 하버드대학을 중퇴하는 시점으로 가보자. 빌은 아직도 미래의 거취에 대해서 고민을 하고 있다. 과거에는 레이크사이드에서 컴퓨터를 좋아하던 소년이었다. 그때의 거시적인 환경은 컴퓨터가 비즈니스 용도로 생겨나기 시작했지만, 가격이 비싸서 가정에서 컴퓨터를 쓴다는 것은 상상조차 할 수 없었다. 이 컴퓨터는 아주 낮은 수준의 메모리로 속도도 느리고 적당한 운영시스템도 없었다.

현재의 창을 살펴보면, 빌은 하버드를 다니면서 알테어 8800의 프로그램인 알테어 베이직Altair BASIC을 성공적으로 개발한다. 거시적인 환경을 꼽는다면, 최초로 퍼스널 컴퓨터가 등장한 것이다. 가격은 예전에 비해 떨어졌지만 컴퓨터의 수준은 계산기보다 좀 더 나은 정도에 불과하다.

하지만 빌은 향후 개인용 컴퓨터 시장이 더욱 커질 것으로 확신한다. 그렇게 될 경우 컴퓨터 운영시스템이 필요할 것이 분명하다. 거시적인 컴퓨터 환경 성장에 대응해서 컴퓨터를 구성하는 미시적인 기술인 운영체제, 소프트웨어 시장을 빌은 바라고 있었다.

인생 창문을 통해 빌의 환경을 살펴보면, 여러분도 충분히 하버드가 아닌 마이크로소프트의 창업을 선택할 수 있을 것이다.

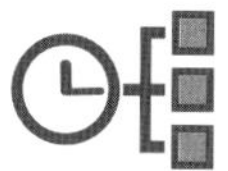

일론 머스크의 갈림길: 스탠퍼드냐, 창업이냐

1995년 어느 날, 일론 머스크는 은행가 피터 니콜슨과 함께 토론토의 길을 걸으며 이야기를 나누고 있었다. 일론이 캐나다 온타리오주 퀸스대학 학생이던 시절, 피터는 토론토에 있는 노바스코샤 은행의 경영진으로 일하고 있었다. 일론은 난데없이 피터에게 전화를 걸어 점심을 같이할 수 있는지 물었다. 피터는 일론의 당돌함에 반해 이를 승낙했다.

피터와 일론은 점심 식사를 함께하며 이야기를 나누었고, 피터는 일론의 비전과 열정을 높이 사서 일론에게 시간당 14달러를 주고 여름 인턴으로 고용했다. 이후 피터는 일론의 멘토가 되었고, 일론은 어려운 점이 있을 때마다 피터에게 조언을 구하곤 했다.

이날도 일론은 피터를 찾아 인생 문제에 대한 조언을 구하고 있었다. 일론은 스탠퍼드 대학원 물리학 박사과정에 갓 입학한 자신의 결정이 올바른지 혼란스러웠다. 그 당시 인터넷 물결이 막 일어나기 시작했기 때문이다. 1994년 12월 출시된 넷스케이프가 인터넷 붐을 일으키고 있었고, 그해 8월 출시된 빌 게이츠의 윈도우 95도 인터넷 익스플로러를 출시하면서 인터넷 경쟁이 점점 심화되고 있었다.

이러한 변화를 지켜보던 일론 머스크는 책상에 앉아서 이 기회를 놓치고 싶지 않았다. 그는 지난 시간 동안 틈틈이 만든 온라인 서비스 사업을 시작해보고 싶었다. 지역 사업자들의 정보를 전화번호부에서 찾는 시대는 곧 끝날 것이라고 생각했다. 이제는 인터넷에서 쉽게 지역 비즈니스 정보를 찾을 수 있는 시대가 열릴 것이고, 이러한 서비스를 제공하는 사업을 시작하려고 했다.

일론은 지금이야말로 사업을 시작할 황금기라고 생각했다. 제프 베조스가 온라인 서점인 아마존Amazon을 막 시작한 상황이었고, 그 밖에 온라인 서비스가 딱히 없었기 때문이다.

일론은 피터에게 자신의 사업 계획을 이야기했다. 온라인상에서 가상의 도시를 만들어 누구든 궁금한 사업 정보를 찾을 수 있는, 약간은 황당한 사업 구성안을 이야기했다. 그 말을 들은 피터는 머스크의 사업이 성공할 수 있을 거라고 생각했고, 그에게 성공의 확신을 심어주었다. 또한 박사과정은 언제든 다시 시작할 수 있으니

걱정하지 말라고도 조언해주었다.

며칠 지나지 않아 머스크는 입학 이틀 만에 박사과정을 그만두고 Zip2를 창업했다. 4년 뒤 1999년에 컴팩Compaq은 Zip2를 인수했고, 머스크는 이 계약을 통해 2,200만 달러약 220억 원를 벌어들였다.

우선순위 정하기

일론 머스크와 빌 게이츠의 공통점은 아이비리그 유명 대학을 그만두고 나와서 큰 성공을 거두었다는 점이다. 유명 대학을 그만두는 것이 성공의 방정식일까? 여기서 우리가 생각해봐야 할 중요한 질문은 '유명 대학을 그만두는 의사 결정을 할 수 있게 만든 것은 무엇일까?'다.

만약 우리가 빌이나 일론처럼 유명 대학 혹은 대학원생이라면 미래에 대한 두려움 때문에 중퇴 결정을 쉽게 내리지 못했을 것이다. 유명 대학의 학위야말로 자신의 미래를 보장해줄 수 있는 보험 같은 것이기 때문이다. 더욱이 학교에 투자한 시간과 돈이 많을수록 그만두기는 더욱 어려울 것이다.

빌 게이츠의 경우 이미 대학교 3년을 거의 마친 상황이었고 1년만 더 다니면 졸업장을 받는 데 문제가 없었다. 졸업이라는 도착지를 향해 대략 70%를 달려왔고, 머잖아 골인 지점이 눈앞에 보이는 상황이었다. 하지만 빌은 경기를 포기했다.

일론의 경우도 1989년에 퀸스대학에 입학해서 펜실베이니아대학으로 편입했고, 1995년 졸업 이후 박사과정 입문까지 7년이라는 시간 동안 학업을 이어가고 있었다. 대학에 와서 자신이 좋아하는 물리학을 공부했고, 흥미를 찾아 입학한 박사과정도 2~3년만 더 다니면 학위를 받을 수 있었다. 하지만 일론은 입학 이틀 만에 박사과정을 그만두고 창업을 선택했다.

우리가 빌이나 일론과 같은 결정을 내리기 힘든 이유는 두 가지다.

첫째, 미래에 대한 확신이 없기 때문이다. 빌과 일론은 둘 다 변화하는 시대의 흐름에 올라타고자 했다. 더욱이 저마다 자기 미래에 대한 확신도 있었다. 빌은 집집마다 컴퓨터가 한 대씩 있는 모습을 상상했고, 머스크는 지구 밖에 새로운 문명을 만드는 것이었다. 두 사람은 미래에 자기가 할 일에 대한 확신이 있었고, 그 확신을 좇아가는 결단을 서슴지 않았다.

둘째, 이미 투자한 시간과 돈이 아깝기 때문이다. 이미 많은 시간과 돈을 투자했기 때문에 새로운 길로 간다는 것이 두려운 것이다. 그래서 지금 가고 있는 길이 옳지 않은 길이란 걸 알면서도 일단 끝까지 가보기를 원하는 것이다.

서울에서 출발해서 대전까지 왔고 이제 방향을 조금 틀어 청주로 가면 목적지가 눈에 보임에도 불구하고, 일단 처음에 가려고 했던 목적대로 부산까지 가보려고 한다. 그렇게 부산을 갔다가 다시 청주로 돌아올 것을 알면서도 중간에 내리는 것이 두려워 일단 가던 길을 계속해서 간다. 이처럼 내가 싫어하는 일임에도 불구하고 이미 어느 정도 했기 때문에 계속하려고 하는 것을 행동경제학에서는 '매몰비용의 오류'라고 한다.

매몰비용의 오류에 해당하는 사례는 우리 주변에서도 쉽게 볼 수 있다. 주식투자를 했는데 한 종목은 떨어지고 다른 한 종목은 오른다면, 대부분의 사람들은 오르는 종목을 팔아 떨어지는 종목을 산다. 본전을 찾아야 한다는 생각 때문에 잘못된 선택을 하는 것이다.

기업의 경우도 마찬가지다. 많은 돈을 투자해서 신사업을 시작했는데 시장에서 반응이 좋지 않다. 여기서 멈추고 그만두어야 한다는 걸 알지만 이미 투자한 비용이 아깝다. 조금만 더 투자하면 신사업이 나아질 것이라고 생각하고 다시 돈을 쏟아붓는다. 기업이 폭망하는 이유 중에 하나가 아무도 원치 않는 제품이나 서비스를 제공하는 것이다.

김지혜 씨는 얼마 전에 극장에 가서 영화를 봤다. 포털 사이트에 평가한 사람들의 평점을 믿고 극장에서 영화를 보는데, 한 30분이 지났을까? 영화가 너무 재미가 없었다. 밖으로 나가고 싶은 생각은 굴뚝같았지만 지불한 돈이 아까워 끝까지 앉아 있었다. 영화가 끝나고 극장을 나와서도 계속 재미가 없었다고 투덜거리면서 돈 주고 극장 온 게 너무 아깝다고 생각했다.

이태형 씨는 한 학기에 천만 원이 드는 MBA 학위를 따기 위해 경영대학원에 다니고 있었다. 이미 두 학기를 끝냈고 세 번째 학기에 들어섰다. 그러던 어느 날, 수업 시간에 문득 '더 이상 경영학을 공부하고 싶지 않다'는 생각이 들었다. 태형 씨는 교실에서 경영을 배우기보다 밖에 나가서 살아 있는 경영을 경험해보고 싶었다. 자신을 설레게 할 목표는 창업을 해서 직접 회사를 경영하는 것이었음을 깨닫게 된 것이다. 하지만 태형 씨는 이를 실천에 옮기지 못하고 다음 학기도 수업에 참여할 것이다. 왜냐하면 이미 투자한 시간과 비용이 아깝기 때문이다.

여기서 우리가 기억해야 할 중요한 사실은, 우리가 이미 소비한 시간과 돈은 회수할 수 없다는 것이다. 앞으로 더 많은 시간과 돈의 투자 여부는 우리의 결정에 달렸다. 졸업해서 학위를 사용할 계획이 없는가? 그렇다면 지금까지 투자한 돈과 시간을 엎질러진 물이라고 생각하라. 주워 담을 수 없는 것이고, 주워 담아도 먹을 수 없는 물이란 사실을 명심해야 한다.

그렇다면 매몰비용의 오류에 빠지지 않기 위해 우리는 어떻게 해야 할까? 자신의 인생 곡선과 인생 창문을 그려보는 것이 중요하다. 내 인생에서 달성해야 할 목표가 무엇인지 큰 그림을 그려가며 앞으로 나아간다면 의사 결정을 내리기가 훨씬 수월할 것이다.

그 그림을 잘 보이는 곳에 붙여두고 매일 눈으로 확인한다면 어느 순간 자신이 원하는 미래상에 한 걸음 다가선 모습을 확인할 수 있을 것이다. 과거나 현재에 기반을 둔 의사 결정이 아니라 미래에 기반을 둔 의사 결정이야말로 매몰비용의 오류에서 빠져나오게 해줄 수 있다. 여러분의 고귀한 시간을 낭비하지 않게 해주는 그 시작이 될 것이다.

좋은 출발은 좋은 과정을 동반한다. 저마다 자기 인생에서 이루고 싶은 것들이 있을 것이다. 이를 하나하나 이룰 수 있도록 도와주는 방법이 시간 관리다.

전 세계에서 가장 똑똑한 사람들이 모여 있다고 하는 하버드를 성공적으로 졸업하기 위해서 가장 필요한 능력은 무엇일까? 바로 우선순위를 세우고 거기에 맞추어 시간 관리를 하는 것이다.

'하버드 신입생이 우수한 성적을 받기 위해 가장 필요한 능력은 무엇인가?'에 대해 소개하는 책이 있다. 우리나라에도 번역되어 소개된 《하버드 수재 1600명의 공부법 Making the Most of College: Students

Speak Their Minds》이다.

저자인 하버드 통계학과 리처드 라이트Richard J. Light 교수는 "다 같은 하버드 학생인데 왜 누구는 성공적인 대학생활을 하고, 왜 누구는 실패하는가?"에 대해 의문을 품고 10년 넘게 1,600명의 하버드 학생을 대상으로 연구를 진행했다. 그는 다양한 과외 활동을 하면서도 우수한 성적을 받는 집단과 그렇지 못한 학생들이 속한 집단으로 나누어서 관찰해본 결과 놀라운 사실을 발견했다.

대부분의 사람들이 하버드에서 성적이 우수한 학생들은 우리와 다른 사람이라고 생각하는 경향이 있다. 그들은 유전학적으로 머리가 뛰어나거나, 공부에 남다른 흥미가 있거나, 아니면 남들과 다른 자신만의 학습 비법을 가지고 있다고 생각한다. 그리고 이들은 다시 내 능력으로는 하버드에 갈 수 없다고 선을 긋고 살아가는 사람들과, 그들의 학습법을 배워 자식에게 훈련하기 위해 노력하는 사람들로 분류된다.

흥미롭게도 리처드 교수가 연구를 통해 발견한 것은 학생들에게 있어 성적을 결정하는 중요한 요인은 바로 시간 관리였다. 철저하게 시간 관리를 하는 학생은 아르바이트나 과외 활동을 하면서도 전혀 성적에 지장을 받지 않았다. 오히려 자원봉사를 하는 학생들이 하지 않는 학생들보다 성적이 더 좋게 나왔다.

반면 학교 성적이 부진한 학생들은 자신의 시간 관리에 소홀했다. 성적이 안 좋은 학생들이 오히려 더 많은 시간을 학업에 투자했을지도 모른다. 하지만 그들은 주어진 시간에 집중해서 효과적으로 시간을 배분하고 효율적으로 시간을 사용하는 방법에서는 뒤처졌다.

시간을 관리한다는 것은 단순히 주어진 시간을 효율적으로 쓰는 것만이 아니다. 시간 관리의 시작은 본인이 해야 할 일과 하지 말아야 할 일을 제대로 구분하는 것이다. 간단하고 쉬운 일들은 먼저 손이 가게 마련이다. 문제는 이 때문에 중요하고 어려운 일들이 점점 밀리는 일이 없어야 한다는 것이다.

학업도 마찬가지다. 자기가 공부하고 싶은 과목이 있을 테고, 자기가 참여하고 싶은 과외 활동도 있을 것이다. 이 활동들을 우선순위에 맞춰 배치하고 하나씩 해나가는 것이 곧 하버드에서 성공적인 대학생활을 보낼 수 있는 방법과 다르지 않다는 사실을 알아야 한다.

시간 관리를 한다고 무조건 일정을 빡빡하게 채우는 것은 좋지 않다. 그보다 여러분의 삶을 더욱 여유롭게 만들기 위해 중요한 일들을 우선순위에 맞추어 배열해야 한다. 주어진 시간에 집중하여 계획을 하나씩 달성하고 그다음 계획으로 넘어가면 하루하루가 보람차게 느껴질 것이다.

여유로운 사람들은 어떠한 상황에서도 쫓기지 않는다. 성격이 느긋해서가 아니라 느긋한 삶을 만들 수 있는 스킬을 가지고 있기 때문이다. 자투리 시간을 최대한 모으고, 이를 통합해서 뭉텅이 시간으로 만드는 게 습관이 되어 있는 사람은 자기 삶에서 여유를 만드는 것이 어렵지 않다.

이 장에서는 하버드를 그만둔 빌과 스탠퍼드를 그만둔 일론을 살펴보았다. 그들이 학교 중퇴라는 어려운 결정을 내릴 수 있었던 이유는 자기에게 필요한 우선순위를 정할 수 있었기 때문이다.

우선순위를 매기기 어려운 난제가 있을 때는 '한강 건너기' 공식을 떠올려보자. 의사 결정이 필요한 사항을 한강 건너편에 두고 내가 그것을 이루기 위해 한강을 건널지 말지를 생각해본다면 여러분의 의사 결정이 한결 쉬울 것이다. 저마다 자신의 인생 곡선을 그려보고 자기 삶의 종착역을 내다볼 수 있다면 중대한 결정을 할 때 도움을 받을 수 있을 것이다.

미래는 불확실하다. 하지만 저마다 자신의 미래를 그리고 그 그림대로 살아가기 위해 노력한다면 미래가 점점 또렷하게 보일 것이다. 인생 창문을 통해 세상을 바라보고 과거, 현재, 미래의 창문을 들여다보라. 지금 나의 심장을 뛰게 하는 일을 찾을 수 있을 것이고, 그 일이 여러분 삶의 우선순위로 찾아올 것이다.

1. 1단계에서는 목표를 세우고, 2단계에서는 우선순위를 정한다.
2. 우선순위를 정하는 방법은 긴급성과 중요성에 따라 정하는 아이젠하워의 법칙을 활용해보자.
3. 우선순위를 정하기 어려울 때는 의사 결정 대상을 한강 건너편에 두고 헤엄쳐서 갈 수 있는지를 생각해보자.
4. 내가 원하는 인생을 설계하기 위해 인생 곡선과 인생 창문을 그려보자.
5. 의사 결정이 어려운 이유는 미래에 대한 확신이 없거나 매몰비용의 오류 때문이다.

3단계:
시간 기록

시간의 블록을 채워라

여러분은 일주일 동안 몇 시간 일하고, 몇 시간 독서하고, 몇 시간 운동하고, 몇 시간 잠을 자는지 아는가? 직장에서 실제로 일하는 시간이 얼마나 되는지 아는가? 대개 직장인들은 하루 8시간 일한다고 말할 것이다. 하지만 그건 총 근무시간이고, 실제로 일하는 시간이 얼마나 되는지는 모를 것이다. 우리 주변에서 흔히 볼 수 있는 직장인 김세진 대리의 일과를 살펴보자.

김 대리는 매일 아침 8시에 출근한다. 출근 후 컴퓨터를 켜고 인터넷으로 어제 있었던 뉴스 기사를 검색한다. LA 다저스 게임 결과가 어떻게 되었는지, 사람들 반응은 어떤지에 대해서도 살핀다. 페이스북을 보며 지인들의 사진에 '좋아요'를 누르고 댓글을 남겨준다. 그때 같은 팀 동료인 최정규 대리가 와서 모닝커피나 한잔하자고 한다. 최 대리의 힘든 결혼 생활 이야기를 들어주며 공감해주다 보니 어느덧 30분이 훌쩍 지났다.

사무실에 가니 팀장이 부른다. 이런저런 업무 지시를 받고 메일을 체크하니 어느덧 10시가 되었다. 카톡에 쌓여 있는 지인들의 메시지를 확인하고 간단히 이모티콘을 날려준다. 이제야 비로소 김 대리는 오전 회의를 준비하며 분주하게 일과를 시작한다.

김 대리는 매일 아침 8시면 출근하는 성실한 직원이며 동료의 고충도 잘 들어준다. 하지만 김 대리가 아침에 와서 뉴스 기사를 보는 것은 일한 것일까? 동료와 커피를 마신 시간은 일한 시간일까? 김 대리의 일과를 엄밀하게 살펴보면 일하는 시간은 얼마 되지 않을 것이다. 직장에 출근해서 의자에 앉아 있다고 다 일하는 것은 아니기 때문이다.

특히 늦게까지 남아서 일하는 사람들의 특징을 살펴보면 일과 시간에는 일을 미룬다는 것이다. 그들과 같이 일을 해보면 느낄 수 있는 것은 정해진 마감 기한을 지키지 않는다는 점이다. 항상 늦게까지 남아 일하는 습관이 몸에 배어 있다 보니 일을 미루게 되고, 그게 자신의 습관이 되어버린 것이다.

혹시 김 대리의 이야기가 나의 이야기는 아닐까? 그렇다면 나는 하루에 몇 시간이나 일할까? 하루에 몇 시간을 나의 역량을 개발하는 데 보낼까? 오늘 나의 하루를 시간대 별로 기록해보고, 일한 시간을 살펴보자. 돈을 쓰고 가계부를 정리하는 것처럼 시간에 대한 기록을 체크해보는 것이다.

시간 가계부를 쓰는 방법은 간단하다. 우선 처음에는 30분 단위로 기록하는 것이 바람직하다. 처음부터 의욕이 넘쳐 분 단위로 관리하다 보면 일을 위한 일이 되어버려 금방 지치게 된다. 너무 세세하게 적기보다는 30분 단위로 기록을 해나가라. 어플, 다이어리, 메모지, 어떤 것도 좋다. 기록만 할 수 있으면 된다.

직장인이라면 하루 일과가 기상, 출근 준비, 이동출근, 일, 점심, 휴식, 일, 이동퇴근, 독서, 운동, 육아, 회식, 취침 이 정도로 분류될 것이다. 이러한 사항에 대해서 기록해보라. 그리고 다음 날 아침에 집계를 내는 것이다.

너무 세세히 분류하는 것보다 5~6개 정도일, 육아, 취침, 개인 용무, 자기계발, 기타 등로 저마다 시간 사용의 빈도수가 높은 항목을 분류하여 관리하면 편리하다. 그리고 일주일이 지나면 주간 단위로 사용한 시간의 통계를 내어본다. 그러면 일주일 168시간 중에 자신이 얼마나 일하고, 건강을 위해 얼마나 시간을 쓰는지를 알 수 있다.

시간블럭 기법

자신이 사용하는 시간을 처음 기록하는 초심자는 시간블럭 기법이 적합하다. 이들에게 처음부터 아주 세세하게 기록하라는 것은 아직 걸음마도 못하는 아기에게 뛰어보라고 말하는 것과 같다.

이들에게 세세하게 분 단위로 모든 활동을 기록하라고 하면 "이걸 다 어떻게 기록해요?"라는 불만만 나온다. 그리고 얼마 못 가 기록하는 데 너무 많은 시간이 쓰인다며 불평을 늘어놓을 것이다. 그렇기 때문에 처음에는 쉽게 성취감을 맛보도록 유도하는 것이 중요하다.

아침에 기상하는 것부터 시작하여 하루를 30분 단위로 기록해나간다. 블록을 하나씩 쌓아 벽을 쌓는다는 기분으로 빈 칸을 채워나간다. 되도록 사건이 발생하는 시점을 기준으로 기록해나가는 것이 좋다. 시간이 지나고 몰아서 기록하면 지난 시간을 제대로 기억하지 못한다. 정확한 측정이 어렵게 된다.

하루 종일 발생한 사건을 실시간으로 기록하기 위해 노력해보자. 그리고 취침 전에 그날 하루를 집계해본다. 집계할 때는 항목별로 색깔을 달리하여 분류하는 것이 유용하다. 다음 '시간블럭' 표에서는 편의상 자기계발은 회색, 개인 용무는 하늘색, 업무는 파란색을 사용하고, 취침은 별도로 색칠하지 않는다.

이렇게 색으로 분류를 해두면 한 주 동안 내가 가장 많이 사용하는 분야의 시간을 쉽게 확인할 수 있다.

이렇게 기록한 것을 바탕으로 통계를 내보면 본인이 생각한 시간과 실제로 사용한 시간이 차이가 있음을 알게 될 것이다. 그리고 자신이 자기계발을 위해 얼마나 힘쓰고 있는지를 알 수 있다.

자기계발을 하지 않는 사람의 미래는 밝지 않다. 자투리 시간을 활용하여 틈틈이 책을 읽고 공부하는 사람만이 밝은 미래를 맞이할 수 있다. 또한 건강은 저축과 같다. 매일 조금씩 운동하다 보면 잔고가 쌓이고, 나이가 들면 그 잔고를 조금씩 꺼내 쓸 수 있다.

이렇게 측정을 해봐야 본인의 현재 상태를 파악할 수 있고, 개선을 위한 목표를 세울 수 있다. 그런 점에서 시간 기록은 상당히 중요하다.

필자의 경우 442법칙을 쓴다. 주 단위로 4개 항목에 각 42시간씩 사용하는 것이다. 업무에 42시간, 취침에 42시간, 개인 용무식사, 육아 등에 42시간, 자기계발운동, 수업, 독서 등에 42시간 사용을 목표로 한다. 하루 단위로 구분하면 업무에 6시간, 취침에 6시간, 개인 용무에 6시간, 자기계발에 6시간을 쓰는 것을 목표로 한다. 하지만 하루 단위로는 지키기 어려울 때가 많다. 그래서 주말에 그 부족분을 보충한다.

개인적으로 가장 어려운 부분이 자기계발에 42시간을 쓰는 것

시간블럭

구분	7/1(월)	7/2(화)	7/3(수)	7/4(목)	7/5(금)	7/6(토)	7/7(일)
4							
5	독서	독서	독서	공부	독서	독서	
6	수영		수영		수영	이동	
7	준비/출근	준비/출근	준비/출근	준비/출근	준비/출근	공부	독서/ 공부
8	계획수립	계획수립 회의	계획수립	계획수립 회의	대화 계획수립	운동	
9	회의자료 작성	업무	업무				
10				업무	업무	대학원 수업	준비
11	회의	자료작성	보고서	회의			이동
12	점심 독서	운동 점심	점심 독서	운동 점심	점심 독서	점심	교회
1	업무	주간계획			회의 1		점심 이동
2	임원보고		업무	프로젝트 미팅	회의 2	대학원 수업	
3		업무					아이들과 놀기
4	업무	현장방문	회의	자료작성	자료작성	공부	
5	저녁	저녁		저녁		이동	독서
6	신문 퇴근	독서		독서 퇴근	이동	저녁	저녁
7	육아	퇴근	회식				
8		육아		육아	대학원 수업	육아	육아
9	독서	독서	육아	독서			독서
10			독서		이동	독서	

이다. 평일에 부족분을 보충하려면 주말에 새벽 4시 반에 일어나 4~5시간 정도를 만들어야 한다. 그리고 오전 9시쯤 가족들이 깨어나면 주말 일정을 시작한다.

시간 관리에서 가장 중요한 것은 자기계발 비율을 늘려가며 자신의 역량을 키우는 것이다. 주간 단위로 기록하며 관리를 하면 낭비 없이 자기 시간을 관리할 수 있다. 소중한 자신의 시간을 기록함으로써 보다 적극적으로 나만의 멋진 삶을 살 수 있게 되는 것이다.

빌 게이츠: 고수의 5분 단위 일정표

빌 게이츠는 세상에서 가장 바쁜 사람 중 한 명이다. 세상을 움직이는 사람이라고 표현하는 것이 더 정확할 것이다. 그가 움직이면 우리 삶이 바뀐다. 2008년까지 빌이 각 가정에 놓인 컴퓨터에 운영시스템을 보급하기 위해 바빴다면, 이제는 전 세계에 있는 질병과 빈곤에 고통 받는 사람들을 구제하기 바쁘다.

최근에 그는 전 세계 21억 명에게 변기를 보급하는 전도사가 되었다. 가난한 국가에서는 집집마다 변기가 대중화되지 못했는데, 그 때문에 배변이 정화되지 못하고 사람들이 마시는 물로 흘러들어 콜레라와 같은 질병을 유발했다. 무슨 일이든 전 세계를 대상으로 하는 빌 게이츠의 스케일은 알아줘야 한다.

영국의 일간지 〈텔레그래프〉와의 인터뷰에 따르면, 빌은 하루 일정을 분 단위로 관리한다고 한다. 그의 시간표는 미국 대통령의 일정표처럼 분 단위로 세워진다. 일정이 많은 날의 경우는 5분 단위로 나누어진다. 기본적으로 회의 시간과 심지어 악수하는 시간까지 계획될 정도로 치밀하게 이루어진다. 게다가 한번 세운 일정은 가급적이면 준수하려고 노력한다.

빌 게이츠는 1987년부터 2018년까지 우리나라를 7회 방문했다. 방문할 때마다 주로 대통령을 만났다. 김대중 대통령, 이명박 대통령, 박근혜 대통령 등을 만나며 한국 정보통신에 대한 이야기를 나누었다. 짧은 기간 방문하는 만큼 한국을 방문할 때도 그의 일정표는 분 단위로 관리된다.

빌이 2008년 5월 6일에 방한했을 때는 겨우 4시간 30분을 한국에 머물렀다. 짧은 시간이었음에도 불구하고 그는 청와대에서 이명박 대통령과 이야기를 나누고 만찬을 가졌다. 그 후 소공동 롯데호텔에서 한국 마이크로소프트사가 개최하는 '코리아 이노베이션 데이 2008'에서 연설을 하고, 기아차와 차량 IT 분야 기술 개발을 위한 전략적 제휴 협력을 체결한 후 일본으로 떠났다. 짧은 시간이지만 빌은 꽉 찬 일정을 보냈다.

빌은 늘 시간을 소중하게 여긴다. 왜냐하면 시간은 그에게 돈보다 훨씬 더 귀중한 자원이기 때문이다. 빌의 재산은 2018년 기준으

2018 전 세계 부자 순위 Top 5

순위	이름	자산	나이	부의 원천
1	제프 베조스	$112B (112조 원)	55	아마존
2	빌 게이츠	$90B (90조 원)	63	마이크로소프트
3	워렌 버핏	$84B (84조 원)	88	버크셔 헤더웨이
4	베르나르 아르노	$72B (72조 원)	69	LVMH (루이비통 모에 헤네시)
5	마크 저커버그	$71B (71조 원)	34	페이스북

(출처: 포브스)

로 902억 달러로, 전 세계에서 두 번째로 부유한 사람이다2000년 이후 빌이 기부한 360억 달러를 포함하면 여전히 1위다. 이는 2017년 860억 달러에서 42억 달러약 4.2조 원가 증가한 수치다.

빌은 2018년 한 해 동안 한 달에 3.5억 달러를 벌었고, 하루에 11.6백만 달러를 벌었다. 이를 초 단위로 계산하면 1초당 135달러다. 빌 게이츠의 1분은 8백만 원, 1시간이면 약 5억 원을 벌 수 있다. 시간이야말로 그의 가장 가치 있는 자산이라 할 수 있다. 그렇기 때문에 누구보다도 시간 관리의 중요성을 잘 알고 있다.

한편 대부분의 직장인들에게 바쁘냐고 물어보면 한결같이 너무 바쁘다고 한다. 도대체 우리나라 평균 근로자는 시간당 얼마를 벌기에 늘 바쁘다는 것일까?

2018년 고용노동부에서 우리나라 전체 근로자를 대상으로 실시한 〈사업체노동력조사〉에 따르면, 2018년 월평균 근로 일수는 20일로, 월평균 163.9시간, 일평균 8.2시간을 일한다. 일인당 월평균 임금 총액은 3,376,000원이다. 이를 월평균 근로시간으로 나누면 20,597원, 즉 우리나라 평균 근로자는 시간당 20,597원을 버는 것과 같다.

시간당 5억 원을 버는 빌 게이츠는 바쁘다는 이야기를 하기보다 바쁠수록 시간에 대한 계획을 더욱 철저히 세운다. 이에 반해 시간당 20,597원을 버는 우리나라 평균 직장인은 바쁘다는 말만 하고 하루하루를 계획 없이 시간이 흘러가는 대로 흘려보낸다.

시간은 백만장자인 빌 게이츠에게도, 평범한 삶을 살고 있는 우리에게도 차별 없이 매일 24시간이 입금된다. 그 24시간을 어떻게 사용하느냐에 따라 여러분의 인생이 좌우된다. 하지만 매일 자동으로 입금되는 시간을 허투루 쓰다 보면 어느새 적자 인생이 되어 있을 것이다.

매일 저축하는 심정으로 시간을 아끼고 의미 있게 사용해야 한다. 그러면 시간은 여러분에게 성공이라는 선물을 가져다줄 것이다.

시간 관리를 위한 3단계 프로세스

하루 24시간을 잘 관리하기 위해서는 어떻게 해야 할까?

시간 관리를 위해서는 보통 3단계 프로세스를 거쳐야 한다. 먼저 여러분의 시간이 어디에 어떻게 얼마나 사용되고 있는지를 인지하고, 이를 계획하고 실천해야 한다. 필자는 이를 '3P 전략'이라고 부른다.

첫 번째 P는 'Perceive Your Time'으로, 당신의 시간이 어디에 얼마나 쓰이는지를 인지하는 것이다.

두 번째 P는 'Plan Your Time'으로, 당신의 시간 계획을 세우는 것이다.

마지막 세 번째 P는 'Practice Your Time'으로, 당신의 시간을 실천하고 평가하는 것이다.

현재 나의 시간을 알고, 계획하고, 실천 및 평가하는 3단계의 선순환 과정을 거치면 시간 관리 역량이 훨씬 향상될 것이다.

당신의 시간을 인지하라(Perceive Your Time)

미국의 한 기업 회장이 경영학자인 피터 드러커를 찾았다. 그가 늘 시간이 부족하다며 드러커에게 하소연을 하자, 드러커는 6주 동안 자신이 쓰는 시간을 기록해 오라고 했다. 기업 회장은 시간을 기록할 시간조차 없다며 불만스런 표정으로 돌아갔다.

6주 뒤 기업 회장은 놀라운 표정으로 드러커를 다시 찾아갔다. 회장은 하루의 3분의 1은 중요한 회의에, 3분의 1은 중요한 고객을 만나는 데, 나머지 3분의 1은 지역 사회 활동을 하는 데 쓰고 있다고 생각했는데, 막상 시간을 기록해보니 대부분의 시간을 직원들에게 지시하고 독촉하는 데 사용했다.

이렇듯 우리가 머리로 생각하는 시간과 행동하는 시간은 다르다. 모든 일의 출발은 시간이고, 시간을 관리하기 위해 선행되어야 하는 것은 자신의 시간을 정확히 아는 것이다. 자신의 시간을 기록하다 보면 자연스레 시간 관리가 되고, 시간 관리를 하다 보면 뭉텅이 시간이 만들어져 시간을 보다 더 효율적으로 쓸 수 있다.

당신의 시간을 계획하라(Plan Your Time)

1918년 어느 날, 세계 최대 규모의 철강회사인 베들레헴 철강의 사장 찰스 슈왑은 유명한 컨설턴트인 아이비 리를 만난다. 슈왑은 아이비 리에게 어떻게 하면 보다 효율적으로 많은 일을 처리할 수 있을지에 대해 묻는다. 리의 대답은 간단했다.

- 퇴근 전에 내일 해야 할 가장 중요한 일 여섯 가지를 정리한다.
- 중요도에 따라 우선순위를 부여한다.
- 다음 날 출근하면 우선순위가 1번인 일만 한다. 이 일이 끝날 때까지 다른 일은 쳐다보지 않는다.
- 나머지 일도 이 같은 방법으로 한다. 못다 한 일은 내일 할 일 목록에 집어넣는다.
- 매일 이 방법을 반복한다.

석 달 뒤 슈왑은 이 방법에 매우 만족했고, 리에게 25,000달러현재 가치로 따지면 약 4억 원의 수표를 건넸다.

이 방법은 매우 간단하고 누구나 쉽게 따라 할 수 있다. 그럼에도 불구하고 이 방법을 실천하는 사람은 많지 않다. 슈왑의 사례에서 가장 중요한 점은 일을 계획하고, 우선순위를 부여하고 실천하는 것이다. 이 방법을 실천해보면 의외로 효과가 크다. 이것저것 동시다발적으로 하는 것이 효과적이라고 생각되겠지만 실제로는 한 번에 하나씩 순차적으로 일을 끝내는 것이 일처리가 빠르다. 그렇기 때문에 우리가 해야 할 일의 첫 번째는 하루를 계획하는 것이다.

오늘 할 일의 목록과 우선순위

구분	1일차
A2	A 제품 시장 분석 보고
A3	12월 실적 보고
B1	신제품 출품 검토 보고
B2	연간 계획 세우기
A1	CEO 보고서 작성
B3	신제품 회의 준비
C1	협력업체에 메일 보내기
C2	생산 일정 협의

매일 아침 하루를 시작하기 전에 10분 정도 시간을 내어 하루를 계획하라. 어제 했어야 할 일의 목록을 점검하고, 오늘 해야 할 일들을 적어본다. 가장 중요한 것은 오늘 할 일의 우선순위를 정하는 것이다.

일의 긴급성과 중요성에 따라 A, B, C로 나눈다. 그리고 A 항목들 중에 우선순위를 정하기 위해 A1, A2, A3로 나눈다. A1을 먼저 시작하고 A1이 끝날 때까지 A2는 쳐다보지도 않는다. A1을 조금 하다가 A2로 넘어가고, A3로 넘어가다 보면 일을 마무리 짓지 못하고 일만 점점 쌓여가는 것을 느낄 것이다. 따라서 일을 하나라도 끝내고 다음 일로 넘어가는 것이 시간을 정복할 수 있는 지름길이다.

오늘 할 일의 목록은 그림과 시간 가계부 위에 배치한다. 할 일 앞에는 우선순위 A, B, C를 매긴다. 그리고 우선순위에 따라 일을 처리한 기록을 시간 가계부에 적는다. 일을 끝낼 때마다 빨간 펜으로 할 일 목록을 지워나간다.

이렇게 하루 일과를 보내고 나면 완료한 일과 내일 해야 할 일이 명확해진다. 다음 주에 해야 할 일도 다음 주 할 일 목록에 잘 적어두면 잊지 않고 처리할 수 있다.

하루 10분의 계획과 우선순위대로 일을 처리하는 것이야말로 하루를 알차게 보낼 수 있는 핵심 비법이다.

당신의 시간을 실천하고 평가하라(Practice Your Time)

시간 계획에서 본 것처럼 실천의 가장 중요한 점은 우선순위에 따라 일을 처리하는 것이다. 가급적 다른 일이 끼어들더라도 우선순위에 맞춰서 진행해야 한다. 그래야 중요한 일을 처리할 수 있다. 가급적 일을 빨리 끝내고 자기계발을 위한 시간을 확보하는 것이 중요하다. 일이 끝나면 독서를 하거나 자기를 위해 시간을 써야 한다.

실천이 끝나면 이에 대한 평가를 해야 한다. 다음 날 아침 그날 계획을 세우기 전에 우선 전날의 시간 사용에 대한 통계를 내어본다. 계획표 하단에 4개의 항목별로 사용한 시간을 적는다. 어제 하지 못한 일을 점검하고, 그 일을 오늘 해야 할 일 목록에 집어넣는다. 그리고 다시 일들의 우선순위를 부여하고 순서대로 일을 처리한다. 일이 끝나면 그때마다 시간을 기록한다.

마지막으로 매일 사용한 시간의 통계를 내고 주 단위로 집계하고 평가를 한다. 목표 대비 미진한 부분에 대해서는 원인 분석을 하고, 다음 주 목표치에 달성하기 위해 노력한다.

시간 관리는 일정을 빡빡하게 잡아서 삶을 바쁘게 만드는 것이 아니다. 오히려 삶을 더욱 여유롭게 만들기 위해서 일정을 배열하는 것이다. 주어진 시간에 집중해서 계획을 달성하고 다음 계획으로 순차적으로 진행하다 보면 하루하루가 보람차게 느껴질 것이다.

여유로운 사람들은 어떠한 상황에도 쫓기지 않는다. 그들이 느긋한 성격을 가지고 있어서가 아니다. 여유로운 삶을 만들 수 있는 방법을 알기 때문이다. 시간 관리를 통해 여유 시간을 만들고, 이를 최대한 모아서 뭉텅이 시간을 만들어보라. 그러면 나를 여유로운 삶으로 이끌어줄 것이다.

시간을 네 가지로 나누는 442법칙

영화 같은 하루

주위를 둘러보면 영화처럼 사는 사람들이 많다. 영화처럼 멋지게 산다는 게 아니라, 영화 구성처럼 세상을 단순하게 살아가는 사람이 많다는 것이다.

극장에 가서 영화를 본다고 생각해보자. 10분 정도 예고편을 보고 나야 본편이 시작된다. 영화가 끝나면 감독, 배우, 스태프 등의 이름을 보여주는 엔딩 크레딧이 올라온다. 대부분의 사람들은 엔딩 크레딧은 별로 신경 쓰지 않는다. 영화가 끝나기 무섭게 짐을 챙겨 밖으로 나간다.

직장인의 삶은 예고편, 본편, 엔딩 크레딧으로 이어지는 영화와 같다. 아침에 일어나면 세면 및 아침 식사를 하고 출근 준비를 한다이것이 영화의 예고편이다. 출근 후에는 회사에서 종일 일을 한다이것은 본편이다. 퇴근하고 나면 하루 종일 열심히 일했다는 핑계로 집에서 TV를 보거나 스마트폰을 하다가 잠이 든다. 퇴근 후 시간은 별 의미 없이 쓰는 경우가 많다이것이 엔딩 크레딧이다. 간혹 술을 좋아하는 사람들은 어떻게든 건수를 만들어 약속을 잡겠지만, 대부분 평범한 직장인의 하루는 '기상 – 직장 – 취침'이 패턴이다.

영화의 구성처럼 우리의 하루는 크게 세 가지로 구성된다. 잠을 자고, 일하고, 개인 용무로 하루를 가득 채운다. 개인 용무는 밥을 먹고, 출퇴근하고, TV를 보고, 친구들을 만나서 이야기하고, 부모님과 전화 통화하는 모든 일들이 포함된다. 이러한 패턴을 가진 직장인의 하루 일과는 다음과 같을 것이다.

하루 24시간	=	취침 8시간	일 8시간	개인 용무 8시간

종종 "평생 일만 하다가 끝나겠다"고 말하는 사람들을 본다. 그들 역시 대체로 '예고편 – 본편 – 엔딩 크레딧'처럼 사는 사람들이다. 자기 삶의 중심에 일을 놓고, 일하는 것 이외의 다른 활동은 거의 하지 않는 사람일 것이다. 이처럼 '일'이 중심인 삶에서는 일만 하다가 죽는 것이 당연하다.

물론 일을 하는 이유는 사람에 따라 다르다. 돈을 벌기 위해 일하는 사람이 가장 많고, 성직자처럼 종교적인 소명을 가진 사람들도 있다. 하지만 보통의 직장인이 일만 열심히 한다고 해서 회사 내 1%에 해당하는 임원이 되기는 어렵다.

변화하는 시대

다람쥐가 쳇바퀴를 도는 것처럼 열심히 쳇바퀴만 돌리다 보면 언젠가는 기력이 다해 지칠 수밖에 없다. 쳇바퀴를 벗어나서 쳇바퀴를 바라보자. 조금만 머리를 쓰면 전기를 활용해서 쳇바퀴를 돌릴 수도 있고, 물을 이용하는 방법 등 대안을 찾을 수도 있다. 또 다른 직원들과 돌아가며 쳇바퀴를 돌리는 방법도 있을 것이다.

방법을 찾아보면 많을 텐데, 쳇바퀴 속에만 있다 보면 그것이 삶이 전부인 것처럼 보이기 때문에 사고의 폭이 제한된다.

시간이 흐르면서 시대는 변하고 기술은 빠르게 발전해왔다. 변화하는 시대에 맞추어 생존하려면 시대의 물결에 잘 올라타야 한다. 20세기 초 2차 산업혁명 시대에는 제품을 대량 생산하면 무조건 팔리던 시대였다. 이때는 쳇바퀴를 지속적으로 돌리는 것이 중요했다. 시장에 나와 있는 제품 종류도 한두 가지였고, 제품의 가격대도 비슷했다.

그런데 지금은 어떤가? 다양한 종류, 차별화된 가격의 제품이 시장에 널려 있다. 만든다고 무조건 팔리는 게 아니라 고객의 마음을 사로잡을 수 있는 제품이 살아남는 시대다. 복잡한 고객의 속내를 알기 위해 기업들은 그들의 데이터를 수집하고, 이를 철저히 분석해서 활용할 수 있어야 하는 시대가 되었다.

예전처럼 반복되는 일만 하는 시대가 아니라 쳇바퀴를 벗어나 과학적으로 세상을 바라보는 지식과 안목이 필요한 시대가 되었다. 이제는 컴퓨터와 인터넷 기반의 지식정보 사회를 넘어 빅데이터, 인공지능, 사물인터넷IoT 등 정보기술이 연결되는 시대가 되었다. 단순히 주어진 매뉴얼대로 일하는 시대가 아니라 과학기술과 인간의 사고思考가 만나 융합되는 시대가 되었다.

단순 업무는 로봇으로 대체될 것이고, 그 대신 새로운 일자리도 늘어날 것이다. 2016년 세계경제포럼이 발표한 '일자리의 미래' 보고서에 따르면, 4차 산업혁명으로 710만 개의 일자리가 사라지고 210만 개의 일자리가 생겨난다고 한다. 총 500만여 개의 일자리가 감소할 것으로 예측하고 있다.

2018년에 발표된 세계경제포럼의 '직업의 미래 2018The Future of Jobs 2018'에 따르면, 2022년까지 약 7,500만 개의 일자리가 사라지는 대신 1.33억 개의 일자리가 생겨난다고 한다. 2016년과 상반되게 2018년에는 약 5,800만 개의 일자리가 4차 산업혁명으로 늘어나는 셈이다.

위 두 가지의 상반된 통계를 통해서 우리가 알 수 있는 것은 미래에는 기술 발전으로 인해 줄어드는 일자리도 있고, 늘어나는 일자리도 있다는 사실이다. 우리에게 중요한 것은 수치가 아니라 그 숫자에 담긴 의미다. 현재 인간이 담당하고 있던 단순 반복 업무는 사라지고, 인공지능이나 빅데이터, 로봇, IoT, 블록체인 등과 같은 새로운 기술에 의한 일자리는 늘어날 것이다.

예를 들면, 2018년 1월 미국 시애틀에 무인 편의점 '아마존 고Amazon Go'가 문을 열었다. 소비자가 '아마존 고' 어플을 설치하고 가게에 있는 물건을 집으면 자동으로 어플 장바구니에 해당 물품이 담긴다. 쇼핑을 마친 후 계산대에 가서 점원에게 계산할 필요 없이 가게를 걸어 나가면 앱에 등록된 신용카드로 결제가 된다. 아마존이 자율주행차의 기술을 활용해 저스트 워크 아웃Just Walk Out이라는 기술을 적용한 것이다.

단순 계산을 하는 점원은 사라지겠지만, 아마존 고에 적용되는 기술을 개발하는 일자리는 새롭게 생겨나는 것이다. 4차 산업혁명 시대를 이끌어가는 전문 기술자는 아직도 많이 부족하다. 새로운 기술이 만들어지면 기술에 대한 이해도가 떨어져 발전 속도가 더딜 수밖에 없다. 하지만 시간이 지나 기술의 이해도가 높아지면 기술의 발전 속도도 급격히 빨라진다. 이러한 변화의 흐름에 편승하는 자만이 생존할 수 있는 확률이 높아진다.

〈히든 피겨스〉는 시대의 변화에 적응하는 자만이 살아남을 수 있다는 걸 보여주는 영화다. 1962년 냉전 시기, 미국은 소련보다 먼저 인간을 우주 공간으로 보내기 위해 머큐리 계획을 세운다. 그 당시 흑인 여성은 백인들에게 무시와 차별대우를 받던 시대였다. 화장실도 흑인 전용으로 정해놓은 곳만 써야 했고, 사무실에는 흑인 전용 커피포트가 따로 있을 정도였다.

한편 흑인 여성은 아무리 능력이 뛰어나도 정규직이 될 수 없었다. 그 때문에 계산원으로 근무하던 대다수 흑인 여성들은 나사NASA에 IBM 컴퓨터가 도입되면 해고를 당할 수밖에 없는 처지였다. 이들은 생존을 위해 컴퓨터 프로그래밍과 펀치 카드 작성하는 법을 배운다. 마침 NASA에 도입된 IBM 컴퓨터를 작동하기 위해 직원이 필요했는데, 이들이 IBM 전담 직원으로 배치되는 쾌거를 거둔다.

만약 흑인 여성들이 해고를 예상하고 다른 곳으로 이직을 했다면, 이후 또다시 컴퓨터의 대중화 도입으로 해고의 위기에 처해졌을지도 모른다. 이들은 기술이 변화하는 상황을 정확히 직시했고, 다른 직업을 찾기보다는 시대의 흐름에 올라타 자신의 시간을 쪼개서 공부하고 준비하여 생존할 수 있었다.

앞으로 다가올 시대에는 새로운 변화의 물결이 불어닥칠 것이다. 최근 유행하는 긱 이코노미Gig Economy처럼 기업들은 정규직을 채용하기보다 능력 있는 사람들을 언제든지 고용할 것이다. 한마디로 재즈 공연처럼 그때그때 필요한 연주자를 섭외할 수 있는 시대다.

자신에게 시간을 투자하여 공부하고 역량을 키우는 자만이 생존할 수 있는 시대가 오고 있다. 이러한 변화의 시대의 흐름에 올라타기 위해서는 끊임없이 독서하고 자기계발을 해야 한다.

이제는 하루가 '취침, 일, 개인 용무' 이 세 가지 항목이 중심이 되는, 이른바 '일' 중심의 시대가 아니다. 여기에 자기계발을 추가해 네 가지 항목으로 하루를 써야 한다. 지금부터 우리의 영화는 '예고편 – 본편 – 엔딩 크레딧'이 아닌, 본편이 네 가지로 구성된 단막극을 모아서 영화로 만들어야 한다.

우선, 하루의 구성이 세 가지 항목에서 네 가지로 바뀌게 되면 하루에 사용하는 시간도 달라져야 한다.

일을 하고 나면 하루가 끝나는 것이 아니라 앞으로는 일을 하고 자신의 역량을 개발해야 한다. 하루에 8시간이나 일하는데 어떻게 자기계발에 6시간을 쓸 수 있을까에 대해 궁금해 하는 사람도 있을 것이다. 가슴에 손을 얹고 생각해보자. 과연 나는 일과 시간 중

제대로 일하는 시간이 얼마나 될까? 아무것도 안 하고 보내는 시간은 얼마나 될까? 개인 용무로 쓰는 시간은 얼마나 될까?

출퇴근에 2시간, 식사에 3시간1시간×3끼만 해도 벌써 5시간이다. 아침에 한두 시간만 일찍 일어나고, 출퇴근 시간만 확보할 수 있다면 하루에 3~4시간은 자기계발을 위한 시간으로 충분히 만들 수 있다.

이제는 세 개 항목취침-일-개인 용무에 주당 56시간씩 쓰는 356전

356전략

단위: 시간

구분	Day	Week
취침	8	56
일	8	56
개인 용무	8	56
합계	24	168

442전략

단위: 시간

구분	Day	Week
취침	6	42
일	6	42
개인 용무	6	42
자기계발	6	42
합계	24	168

략이 아니라, 네 개 항목취침-일-개인 용무-자기계발에 주당 42시간씩 쓰는 442전략을 써야 한다. 즉, 주 단위로 네 개 항목에 42시간씩 사용하는 것이다. 업무에 42시간, 취침에 42시간, 개인 용무식사, 육아 등에 42시간, 자기계발운동, 수업, 독서 등에 42시간 사용을 목표로 해야 한다. 하루 단위로 구분하면 업무에 6시간, 취침에 6시간, 개인 용무에 6시간, 자기계발에 6시간을 쓰는 것이다. 물론 하루 단위로는 지키기 어려울 때가 많을 것이다. 그때는 주말에 부족분을 보충하면 된다.

개인적으로 가장 어려운 부분이 자기계발에 42시간을 만드는 것이다. 평일에 부족분을 보충하려면 주말에도 새벽 4시 반에 일어나 4~5시간 정도 나만의 시간을 만들어야 한다. 그리고 가족들이 깨어나면 그때부터 주말 일정을 시작하면 된다.

시간 관리를 하며 가장 중요한 것은 자기계발 비율을 늘려 자신의 역량을 키우는 것이다. 주간 단위로 시간을 기록하면서 관리를 하면 자신의 시간을 한눈에 볼 수 있고, 낭비 없이 자신의 시간을 관리할 수 있다. 소중한 자신의 시간을 기록함으로써 보다 적극적으로 삶을 살 수 있게 되는 것이다.

혹자는 무엇부터 해야 하는지 잘 모르겠다고 한다. 그런 부류의 사람들은 목표가 없는 경우가 많다. 인생 목표가 없다 보니 자기가 어디로 흘러가고 있는지, 무엇을 해야 하는지 모른다.

특히 사회 초년생들에게 이런 사례가 많다. 왜냐하면 그들은 자기가 세운 목표보다는 남이 짜둔 시간표 속에서 살아왔기 때문이다. 무엇을 해야 하는지 모르기 때문에, 직장에 와서도 무엇을 해야 하는지 몰라 물어보기 일쑤다. 스스로 일을 찾기보다는 주어진 일만 하려고 한다. 결국 내 인생의 주도권을 내가 갖지 못하고 남이 시키는 대로 살게 된다.

목표 없는 삶은 껍데기뿐인 삶이 된다. 만약 내가 한 달 뒤에 죽게 된다면 무엇을 하고 싶은지 진지하게 생각해보자. 그리고 한 달 뒤에 죽더라도 후회 없이 살기 위해서 무엇부터 해야 할지를 생각해보자. 그러면 나만을 위한 자기계발에서 무엇부터 해야 하는지가 생각날 것이다.

442전략의 네 가지 항목

① 업무

직장인의 근무시간은 하루 8시간, 주 40시간이다. 주 42시간을 맞추기 위해서는 평일에 2시간 일을 더해도 문제가 되지 않는다. 하지만 어느 누구도 직장에서 하루 8시간을 전력을 다해 1초도 쉬지 않고 일하는 사람은 없다.

2012년 언스트앤영Ernst&Young이라는 컨설팅 업체에서 직장인 3,000명을 대상으로 실시한 설문조사에 따르면, 직장인은 하루 8.5시간을 일하고, 그중 불필요 또는 비효율적인 업무에 2시간 30분, 근무시간 중 개인적인 통화 및 소셜 네트워크에 1시간 54분을 소비한다고 응답했다. 실제 근무시간 중 50% 이상인 4시간 24분 정도를 개인적인 일에 쓰는 것이다.

이를 기업의 CEO들이 들으면 무척 놀랄 것이다. 그들은 8시간 기준으로 직원들에게 급여를 주는데, 실제로 4시간만 일하고 8시간치 급여를 받아가는 것이니 CEO들 입장에서는 억울할 수밖에.

회사에서는 실제 8시간을 일하지만 직원들은 주어진 시간에 최선을 다해서 일하지 않는다. 불필요하게 결재를 위해 대기하는 경우도 있을 테고, 원치 않는 회의에 끌려가 1시간씩 참석하고 오는 경우도 있을 것이다. 그리고 퇴근 후에 상사와 원치 않는 회식 자리를 가짐으로써 근무의 연장이 될 수도 있다. 불필요한 보고를 위해 불필요한 보고서를 만드는 경우도 있고, 개인적인 SNS를 하며 시간을 보내는 경우도 있다.

결국 8시간 근무 중 실제 근무시간이 4시간이라면, 나머지 4시간을 잘 활용해서 자기계발 시간으로 활용할 수도 있을 것이다. 불필요한 회의에 참석하여 낭비하는 시간, 동료의 부탁을 거절하지 못해서 불필요하게 사용되는 시간, 보고를 위해 대기하는 시간, 실시간으로 이메일을 확인하는 시간 등 낭비되는 시간을 줄일 수 있는 방법은 여러 가지다.

② 개인 용무

김하목 씨는 아침에 눈을 뜨면 가장 먼저 하는 일이 스마트폰을 보는 것이다. 시간을 확인하고 어젯밤 무슨 일이 있었는지 뉴스를 보고 SNS를 확인한다. 그리고 구독하는 유튜브 영상도 찾아본다. 잠깐만 보려고 했는데 의도치 않게 30분, 1시간이 금방 흘러가버린다. 후다닥 출근 준비를 하고 집을 나선다.

이렇게 분주하게 아침을 보낸 경험이 다들 있을 것이다. 상황을 되돌려보면 아침에 일어나자마자 안 해도 되는 불필요한 일로 1시간을 낭비해버린 셈이다. 매일 시간이 부족하다고 하면서 자고 일어나서 휴대폰 보는 시간은 아끼지 않는다.

개인 용무는 기상 후 밥 먹고, 세수하고, 옷 입고 출근하고, 퇴근하고 나서 저녁 먹고, TV 보고, 스마트폰 보다가 잠을 자는 모든 개인적인 시간을 이야기한다. 퇴근 후 친구를 만나기도 하고, 애인과 데이트도 하겠지만, 이러한 시간도 개인적인 시간으로 간주한다.

이직 씨는 상사와 같이 있으면 그렇게도 안 가는 시간이 여자 친구를 만나면 시간이 너무 빨리 간다고 불평한다. 여자 친구와 같이 저녁을 먹고, 커피도 마셨는데, 헤어지기가 아쉽다. 여자 친구의 집까지 바래다주고 집으로 가는 길에 여자 친구와 전화 통화를 한다. 방금 전까지 만나서 이야기를 했는데, 무슨 할 이야기가 많은지 한참을 통화한다. 집에 와서 씻고 자기 전에 다시 여자 친구와 한참을 통화하다 잠에 든다.

이직 씨처럼 자기가 좋아하는 일을 하면 시간은 금방 간다. 객관적인 시간 1분, 1초는 항상 똑같은 속도로 움직인다. 하지만 주관적인 시간은 우리가 좋아하고 의미 있는 일을 할 때 빨리 간다.

개인적인 시간을 제대로 활용하기 위해서는 여자 친구를 만나는 일과 같은 뚜렷한 목표가 필요하다. 목표를 세우고 낭비되는 시간이 없도록 시간을 배분해야 한다. 시간을 멍하니 흘려보내는 것이 아니라 자신이 원하는 목표에 시간을 투입하는 것이야말로 시간을 가장 효율적으로 활용하는 방법이다. 개인 용무로 보내는 시간을 자기계발 시간으로 바꾸는 것이 필요하다.

③ 자기계발

자기계발은 지적인 계발과 육체적인 계발을 모두 포함한다. 독서를 하거나 공부를 하는 것이 지적인 계발에 해당된다면, 수영을 하고 헬스장에서 운동을 하는 것은 육체적인 계발에 해당된다. 정신이든 육체든 자기계발을 하는 것은 크게 다르지 않다. 지식이 꾸준한 학습을 통해 두뇌에 저장된 것을 필요할 때 꺼내 쓰는 것처럼, 건강도 평소에 꾸준히 형성된 근육을 나이가 들면서 조금씩 사용하는 것이기 때문이다.

하루에 30분씩 책을 읽는 데 시간을 쓰는 사람과 전혀 책을 읽지 않는 사람의 10년 후를 비교해보면 확연하게 알 수 있다. 꾸준한 독서는 우리 뇌에 근육을 만들어주고 사고하는 능력을 단단하게 해준다는 것을 말이다.

토마스 콜리가 쓴 《부자습관Rich Habits》은 부유층과 저소득층의 행동방식을 비교한다. '독서를 좋아하는가?'라는 질문에 대해 긍정적으로 대답한 부유층의 비율이 86%인 데 반해 저소득층은 26%만 그렇다고 대답을 했다. 한편 '하루에 1시간 이하로 TV를 보는가?'를 물어보는 질문에 부유층은 67%가 그렇다고 응답을 한 반면, 저소득층은 23%만 긍정적으로 대답했다. 즉 부유층은 독서를 하는 데 많은 시간을 쏟는 반면, 저소득층은 TV를 보는 데 보다 많은 시간을 할애했다. 독서는 우리의 생각을 깊고 강하게 해주는 뇌 운동인 반면, TV 시청은 우리 뇌를 게으르게 하는 수동적인 활동이다. 또한 '매일 할 일을 목록으로 기록하느냐?'에 대해 긍정적으로 대답한 부유층은 81%인 반면, 저소득층은 단 9%만이 긍정적으로 대답했다.

결론적으로 부유층은 네 가지 항목 중 자기계발에 쓰는 시간이 많은 반면, 저소득층은 개인적인 시간에 많은 시간을 쓴다는 걸 알 수 있다.

하루에 6시간을 자기계발에 쓰는 것은 과연 어려운 것일까? 아침에 3시간, 낮에 1시간 30분, 퇴근 이후 1시간 30분만 확보한다면 가능하다. 새벽 4시 반에 일어나서 3시간 정도 온전히 자신을 위해서 사용하면 된다. 그리고 회사에 출근해서 불필요하게 스마트폰을 보지 않고 SNS만 안 하더라도 자투리 시간은 만들 수 있다.

낭비되는 자투리 시간을 활용하거나 자투리 시간을 모아 뭉텅이 시간으로 만든다면 낮에 1시간 30분을 확보하기도 어렵지 않다. 저녁 시간에도 자기 전 1시간 30분만 책을 본다든지 생산적인 활동을 한다면 가능하다.

어떤 날은 사정이 생겨서 이를 지키지 못할 수도 있다. 그럴 때는 주말을 활용하면 된다. 주말에는 평일보다 자유롭게 시간을 보낼 수 있기 때문이다.

김정 씨의 경우 주말을 전략적으로 활용하기 위해 하루를 네 등분한다. 오전 1 5~10시, 오전 2 10~12시, 오후 1 12~5시 오후 2 6~10시. 보통 주말에는 아이들이 9~10시에 깬다. 그렇기 때문에 오전 10시까지는 김정 씨만의 자유 시간이고, 이 시간을 잘 활용하면 된다.

주말에는 새벽 5시에 일어나서 아파트 도서관을 이용한다. 그 시간에는 도서관에 아무도 없기 때문에 마음 편하게 혼자서 사용할 수 있다. 집중도 잘된다. 10시가 되면 집에 와서 아이들과 놀아준다. 오후에 일정이 있으면 일정을 소화한다.

만약 아침 일찍 어디를 가야 하는 경우가 생기면 아침 공부 시간이 조금 줄어들 수도 있다. 그러면 주말 낮에 아이들과 시간을 보내고 나서 오후 26~10시에 다시 공부를 하면 된다. 하루 종일 아이들과 놀아주는 것도 중요하지만, 내가 공부하는 모습을 아이들이 보면 아이들도 따라서 공부하기 때문에 이러한 모습은 모범이 된다.

④ 취침

2018년 평균 나의 취침 시간은 7시간 15분이다. 아직도 나는 잠이 많다. 6시간을 맞추기는 어렵다. 하지만 10시경에 취침해서 4시 반에서 5시에 일어나는 습관은 잘 형성되어 있다. 그런 덕분에 아침에 2~3시간은 온전히 나를 위해 쓸 수 있다. 독서도 하고, 운동도 할 수 있다. 아침 시간만큼은 아무도 방해하지 않는다. 오로지 나를 위해 쓸 수 있는 시간이다.

사람은 잠을 잘 자는 것이 중요하다. 일반적으로 수면은 렘REM

수면과 논렘Non-REM 수면으로 이루어진다. 렘REM은 'Rapid Eye Movement'의 줄임말로, 비록 우리는 잠을 자지만 우리 눈은 빠르게 움직인다. 이때 우리 몸은 깊게 자지 못하고 선잠을 자고 있는 것이다. 이에 반해 논렘Non-REM 수면은 우리 눈이 움직이지 않는 단계로 깊은 수면을 하고 있는 단계다. 이 단계야말로 우리 몸이 잠을 자고 있는 것이다.

잠을 잘 자기 위해서는 잠을 신성하게 여기는 것이 중요하다. 대개 아이들은 자기 전에 징징거리며 운다. 잠자기를 거부한다. 한 목사님이 나에게 이렇게 말했다. "매일 밤 잠에 들었다가 깨어나는 것은 우리가 죽었다가 부활하는 연습을 하는 것입니다. 아이들은 자신이 죽었다가 깨어나는 것을 알기 때문에 두려워서 우는 것입니다." 이 말의 진실 여부를 떠나 잠은 분명히 우리 삶의 일부이고 이를 중요시해야 한다.

요즘은 자기 전에 스마트폰을 보는 사람이 많다. 스마트폰에서 나오는 빛 중에서 청색광은 가시광선 중 380~500nm 파장에 속하는 푸른색 빛이다. 이 빛은 주로 햇빛에서 나오는 광선으로, 우리 몸에 세로토닌을 분비시켜 우리 몸이 낮으로 인식하게 만들어 숙면을 억제한다.

야식도 마찬가지다. 자기 두 시간 전에는 음식물 섭취를 자제해야 한다. 그렇지 않으면 우리 몸은 소화를 시키느라 숙면을 취할 수 없다.

마지막으로 취침 시간에는 최대한 몸을 따뜻하게 해주어야 한다. 숙면은 온도와 관련이 있다. 잠자기 전 따뜻한 물로 목욕하는 것도 깊은 수면을 유도하기 위한 것이다.

요즘은 스마트 밴드를 이용해 자신의 수면을 체크할 수 있다. 취침 및 기상 시간, 깊은 수면 및 얕은 수면 시간, 수면 규칙성을 단돈 2만~3만 원만 투자하면 확인할 수 있다.

취침은 442법칙의 4분의 1을 차지한다. 숙면을 잘하는 것이야말로 시간 관리를 잘할 수 있는 비결이다.

일론 머스크: 타임 박스를 활용한 방어형 시간 관리

오늘도 어김없이 일론 머스크는 아침 7시에 침대에서 눈을 떴다. '조금만 더 자자', '5분만 더 자자'는 유혹이 그의 마음속에 들어오기 전에 이미 그는 일어나 있었다. 커피와 오믈렛이 생각나 '아침을 먹을까?' 살짝 고민도 했지만, 부족한 시간 탓에 오늘도 아침은 걸러야 한다. 곧바로 화장실로 가서 따뜻한 물에 샤워하기 시작한다.

샤워기를 통해 나오는 물줄기가 머리 위로 흘러내리며 지난밤의 고민이 말끔히 씻겨난다. 물을 맞으며 오늘 예정되어 있는 일들을 떠올린다. 누구를 만나서 무엇을 해야 할지, 무슨 말을 해야 할지를 생각하며 오늘 하루를 시뮬레이션 해본다.

일론의 머릿속에는 온통 화성으로 가득 차 있다. 2025년까지 사람을 화성에서 살게 하려면 해야 할 일이 너무나 많다. 이를 감당하기 위해 일론은 일주일에 80시간에서 100시간가량을 일해야 한다. 그는 재사용이 가능한 우주선을 만드는 스페이스X, 전기차를 만드는 테슬라, 태양광 보급 사업인 솔라시티를 운영하고 있다. 언뜻 보면 이 세 가지 사업은 별개의 것처럼 보인다.

그는 왜 굳이 이 세 개의 사업체를 운영하는 것일까? 그가 능력이 뛰어나서일까? 아니면 돈이 많아서? 그도 아니면 어떻게 하다 보니 이 기업을 맡을 사람을 못 구해서? 가만히 이 세 개의 사업을 들여다보면 그 이유를 알 수 있다.

우선 사람을 우주에 보내기 위해서는 우주선이 필요한데, 이 우주선을 개발하는 회사가 스페이스X다. 지금은 한 사람을 화성에 보내는 데 1인당 10조 원에 달하는 비용이 든다. 하지만 재활용이 가능한 발사체를 활용하면 그 가격을 1억 원까지 낮출 수 있다. 이렇게 되면 많은 사람들을 저렴한 가격으로 화성에 보낼 수 있다. 또 지금은 화성까지 가는 데 80일 정도의 시간이 소요되는데, 일론은 이 시간을 30일로 단축시키는 것을 목표로 두고 있다.

화성에 사람을 보내는 일은 어느 정도 진전을 보이고 있다. 하지만 사람이 우주에서 살기 위해서는 에너지가 필요하다. 집도 지어야 하고, 집에 난방도 가동되어야 하고, 차도 있어야 한다. 하지만 화성에는 기름도 없고, 그 무거운 기름을 지구에서 운반하기에는 너무나 많은 비용이 든다. 화성에서 자생적으로 살기 위한 방법을 찾아야 한다. 그 방법을 일론은 태양광에서 찾았다. 즉 태양광을 전기에너지로 전환해 자동차를 구동하는 것이다.

이 모든 생각과 결과물은 일론의 도전 의식에서 나왔고, 목표를 달성하기 위한 시간 관리로 하나씩 실천되고 있다. 일론은 매일 5분 단위 시간 계획표를 사용한다. 그의 시간 관리 목표는 일하는 데 최대한 많은 시간을 확보하는 것이다.

일론이 시간을 관리하는 핵심은 계획표를 작성하고, 계획 이외에 발생하는 불필요한 행동은 하지 않는 것이다. 예를 들면, 일하는 시간에는 수시로 메일을 확인하거나 답장하거나 전화 통화를 하지 않는다. 최대한 방해받지 않고 집중해서 일하고 싶기 때문이다.

심지어 그는 식사 시간도 최대한 아끼려고 한다. 앞서 본 것처럼 아침 식사는 거르고 대부분 점심은 회의하면서 먹거나 5분 만에 빠르게 먹어 치운다. 먹는다는 표현보다 쓸어 담는다는 표현이 정확할 수 있다. 이렇게 절약한 시간을 일하는 데 쓴다.

그나마 저녁 식사는 조금 여유 있게 한다. 사실 그도 사람인지라 좋아하는 음식이 있다. 특히 다이어트 콜라를 좋아해서 하루에 8캔 정도를 마신다. 그리고 프랑스 요리, 바비큐에 위스키를 곁들여 먹는다. 건강을 위해 일주일에 한두 번은 잊지 않고 헬스장에서 운동을 한다. 틈틈이 책도 본다.

아무리 바쁜 삶이지만 우리에게는 균형이 필요하다. 정신을 위한 시간과 육체를 위한 시간 사이에 쉼이 필요하다. 세 기업체의 사장, 오둥이 아빠, 틈틈이 독서와 운동을 하고, 주 100시간에 육박하는 근무시간을 소화하는, 한마디로 세상에서 가장 바쁜 남자가 일론 머스크다.

일론이 살인적인 스케줄을 다 소화할 수 있는 것은 일상이 바빠질수록 더욱 치밀하게 시간 관리를 하기 때문이다. '5분 단위'의 스케줄 관리는 그가 목표한 푯대를 따라 나아가게 만드는 원동력이 된다.

공격형 vs 방어형 시간 관리

빌 게이츠와 일론 머스크, 이 둘의 공통점은 5분 단위로 시간 관리를 한다는 것이다. 세상에서 가장 바쁜 이 두 남자는 시간을 가장 소중한 재산으로 여기고, 일분일초라도 악착같이 자기가 목표하는 곳에 시간이라는 자원을 투자한다. '이렇게 바쁜 사람들이 어떻게 꼼꼼히 시간 계획을 세울 수 있을까?'라는 의구심마저 든다.

하지만 두 사람은 바쁠수록 더욱 철저히 관리해서 시간을 온전히 자신의 것으로 만든다. 시간은 물과 같아서 조금만 빈틈이 생겨도 줄줄 새어 나간다. 새어 나간 시간은 점점 양이 늘면서 이내 걷잡을 수 없을 만큼 커진다. 깨진 유리창처럼 처음에는 조금 금이 가기 시작하지만 일단 금이 생기면 깨지게 마련이다. 그렇기 때문에 시간은 틈이 생기기 전에, 유리창이 깨지기 전에 잘 관리하는 것이 중요하다.

빌과 일론, 둘 다 치밀하게 5분 단위로 일정을 관리한다는 점에서는 같다. 빌 게이츠의 시간 관리 방법이 공격형이라면 일론 머스크는 방어형이다. 빌은 마이크로소프트를 경영하는 데 대부분의 시간을 보낸다. 여러 사람을 만나고, 업무 보고를 받고, 결재를 하고, 미래를 구상하는 등 하루에 처리해야 하는 일들이 너무나 많다. 그렇기 때문에 빌의 일정표는 할 일로 가득 차 있다.

이에 반해, 일론은 경영보다는 기술 분야 및 설계에 더욱 많은 시간을 보낸다. 주로 엔지니어들을 만나고, 문제를 찾고, 이를 해결할 수 있는 설계에 집중한다. 그렇기 때문에 그의 일정표는 해야 할 일보다 방해 요소들을 제거하는 것이 더 중요하다. 예를 들어, 2~4시까지 전기차의 엔진 설계에 대해서 일정을 세웠다면 이 시간 동안은 일체의 전화도 받지 않고 오로지 엔진 설계에만 집중한다. 그리고 계획된 시간 내에 끝내기 위해 집중한다.

사람이 하는 일은 마감 기한이 없으면 늘어지게 마련이다. 그렇기 때문에 마감 기한을 영어로 '데드라인dead line'이라고 표현한다.

1860년 이전에는 데드라인이 지금보다 훨씬 난폭한 의미로 사용되었다. 미국의 남북전쟁 시절, 데드라인은 주로 군대나 교도소에서 사용되었다. 교도소에서 포로들이 자꾸 도망가다 보니 선을 긋고 이 선을 넘으면 사살하기 시작했다. 이때부터 사람들은 이 선을 '죽음dead의 선line'이라고 불렀다.

1863년에 미국 신문사에서 이 용어가 사용되기 시작했다. 신문사는 다음 날 발행할 신문을 인쇄하기 위해서 전날 오후 4시까지 원고가 마감되어야 한다. 오후 4시를 넘기게 되면 그 기사는 신문에 실릴 수 없다. 시급한 정보를 전달하는 신문 기사가 마감 기한을 넘기면 쓸모없는 죽은 기사가 된다. 그래서 이때부터 데드라인을 원고 마감 시간으로 사용했다. 즉 이 선을 넘어서면 죽음을 맞이해야 하는 기준이 된 것이다.

가끔 직장인 중에 우스갯소리로 "오늘 할 일은 내일로, 내일 할 일은 모레로"라고 외치는 사람이 있다. 어차피 일만 하면 되지, 굳이 마감 기한을 지켜가며 스트레스를 받을 필요가 뭐가 있냐는 것이다. 따라서 현명한 상사라면 부하 직원에게 지시를 할 때 구체적으로 해야 한다. 일의 목적과 배경, 진행 방향 및 방법, 마감 기한까지 세세하게 주문을 해야 한다.

특히 마감 기한이 없이 주어지는 일은 늘어지기 일쑤인데, 그렇다 해도 상사는 자신이 지시한 내용을 결코 잊지 않는다. 부하 직원이 언제 보고할지 속으로 생각하고 기다린다. 하지만 아마도 부하 직원은 마감 기한이 안 정해졌다는 핑계로 일을 시작하지도 않았을 것이다.

게다가 마감 기한에 임박해서야 몸이 움직이는 '학생 증후군' 때문에 넉넉히 시간을 줘도 일찍부터 일을 시작하는 직원은 좀처럼 없다. 그래서 현명한 상사는 난이도가 있는 일을 지시할 때도 마감 기한을 3일밖에 주지 않는다. 왜냐하면 일주일을 주나 3일을 주나 그 결과물은 크게 달라지지 않기 때문이다.

일론의 방어형 시간 관리의 장점은 계획한 일에 집중할 수 있다는 점이다. 자기만의 마감 기한을 만들기 때문에 일이 늘어지지 않는다. 사실 마감 기한을 설정하는 자체가 스스로를 압박하고 스트레스를 주는 일이지만, 이러한 스트레스는 긍정적인 스트레스로도 볼 수 있다.

긍정적인 스트레스를 영어로 유스트레스Eustress라고 한다. 유스트레스는 당장에는 좀 힘들더라도 적절히 대응만 잘하면 미래에는 긍정적인 결과로 돌아오는 촉진제가 된다. 반면 부정적인 스트레스인 디스트레스distress는 시간이 지나면 우리 몸에 부정적인 영향을 끼치게 된다.

1946년 캐나다 몬트리올대학의 한 내분비학자가 쥐를 대상으로 죽음에 관한 연구를 진행한 결과, 스트레스가 죽음을 일으키는 중요한 요인임을 발견해냈다. 그렇다면 디스트레스는 감소시키고 유스트레스를 늘릴 수 있는 방법은 없을까?

타임 박스(Time box)

유스트레스를 늘리기 위해서 일론이 사용하는 방법은 타임 박스Time box다. 타임 박스는 일정표에 시간 상자를 그려 넣어 고정된 시간기간 동안 특정 활동에만 집중하는 것이다. 대개 프로젝트 관리에 사용되는 기법이다. 일정을 몇 개의 조각으로 나누고, 각 조각마다 마감 기한을 부여한다. 각 조각은 자체 산출물, 마감 기한, 예산을 가진다.

프로젝트 관리는 대개 시간, 비용, 범위로 구성된다. 이 세 가지 요인이 서로 영향을 미친다. 시간이 줄어들면 프로젝트 범위를 줄여야 한다. 만약 프로젝트 범위가 늘어나면 더 많은 비용을 투자하여 인력을 보충해야 한다. 계획된 시간 내에 프로젝트를 완수할 수 없다면 기간을 연장해야 한다. 시간이 연기된다면 지연된 만큼 더 많은 돈이 발생하게 된다. 발생된 돈은 비용을 상승시키고 종종 프로젝트의 질을 떨어뜨리곤 한다.

타임 박스 기법을 사용하면 마감 기한을 고정된 변수로 두기 때문에 일정을 변경하기 어렵다. 만약 마감 기한 내에 프로젝트 완수가 불가능하면 처음부터 프로젝트의 범위를 줄여야 한다. 프로젝트 담당자는 프로젝트의 우선순위를 부여하여 가장 중요한 일부터 하나씩 집중해서 끝내야 한다.

일상생활에서도 마찬가지다. 일단 타임 박스를 정하게 되면 제한된 시간 안에 일을 끝내기 위해 최선을 다할 수밖에 없다. 대개 반복되는 일들은 시간이 얼마나 소요되는지 알기 때문에 타임 박스를 설정해두면 계획된 시간 내에 끝낼 수 있는 장점이 있다.

특히 아무렇지 않게 남의 시간을 요구하는 상대방에게 효과적으로 대응할 수 있다. 굳이 내가 아니어도 되는 일을 시킬 때에는 거절할 수 있는 핑계가 된다. 몇 시까지 일이 계획되어 있어서 그 이후에나 가능하다고 둘러댈 수 있다.

만약 자신이 완벽주의자라면 타임 박스가 커다란 도움을 줄 것이다. 100점을 받기 위해 완벽을 추구하면 90점을 받을 때보다 5~10배의 시간을 투자해야 한다. 인생은 시험이 아니기 때문에 90점이든 100점이든 점수는 중요하지 않다. 다만 그 일을 끝냈는지 여부가 중요하다. 물론 100점으로 끝내면 좋겠지만 굳이 100점이 아니더라도 일정 수준 이상만 되면 성공적인 결과를 불러오는 경우가 많다.

우리도 일론처럼 하루를 잘게 쪼개 시간 상자에 담아보자. 하나의 상자에 계획된 일을 하기 위한 시간 및 비용, 범위를 할당해보자. 제한된 자원 내에서 집중력을 최대한 발휘해 일을 끝내보자. 그리고 결과물을 보며 이 방법이 얼마나 효율적인지 평가해보자. 매일 많은 상자를 만들고 상자가 완성되어 쌓여갈 때마다 가시적인 성과가 조금씩 늘어날 것이다.

만약 시간 상자를 만들기 힘들다면, 류비셰프1890~1972의 다음 이야기를 살펴보자.

'시간의 정복자'라고 불리는 류비셰프는 56년간 사용한 시간을 모두 기록하였다. 70권의 학술 서적과 12,500장의 논문과 연구 자료를 남긴 입지전적 인물이다. 그는 생물학자, 곤충학자, 철학자, 역사학자 등 다양한 별칭을 가지고 있지만, 나는 그를 자신에게 주어진 재능을 모두 소진하고 간 사람이라고 부르고 싶다.

1890년 러시아 상트페테르부르크에서 출생한 류비셰프는 20세기 러시아 과학사를 견인한 과학자다. 그는 학문을 넓고 깊게 연구하며 곤충 분류학뿐만 아니라 과학사, 농학, 유전학, 식물학, 철학, 심지어 분산분석학에 이르기까지 다방면을 연구하고 기록으로 남겼다.

평범한 우리와는 거리가 멀게 느껴지겠지만, 알고 보면 그는 하루 8시간 이상 잠을 자야 하는 잠꾸러기였다. 그런 그가 남들과 다른 삶의 궤적을 남길 수 있었던 이유는 그의 탁월한 시간 관리 능력 덕분이었다.

그는 1916년 26세 때 시간 관리를 시작해서 1972년 죽음을 맞이할 때까지 하루도 쉬지 않고 56년간 자신이 사용한 시간을 모두 기록했다. 심지어 볼셰비키 혁명이 일어난 날에도, 아들의 죽음을 접한 날에도 평소와 다름없이 시간을 기록했다.

매월 1시간 반에서 3시간을 들여 결과를 분석하고, 매월 1시간 이상을 계획을 세우는 데 시간을 사용했다. 특히 연말에는 17~20시간 정도를 써서 연간 사용한 시간을 집계했다.

그는 왜 이렇게 단조로운 작업을 56년간 하루도 빠짐없이 했을까? 끊임없이 자신을 바쁘게 하지 않으면 불안했던 것일까?

우리 주위를 둘러보면 다들 참으로 바쁘게 살아간다. 심지어 옆자리에 있는 직장 동료와 저녁 식사를 하려고 해도 선약을 해야 만날 수 있다. 류비셰프보다 더 바쁜 것 같다. 그런데 그렇게 바쁨에도 불구하고 시간을 기록하고 관리하는 사람은 드물다. 시간을 기록하는 게 귀찮기도 하고 불필요한 일이라고 생각하기 때문이다. 하지만 류비셰프는 바쁠수록 시간을 기록하고 관리해야 시간으로부터 자유로워질 수 있다는 걸 일찍부터 터득하고, 이를 죽을 때까지 실천했다.

과학기술의 발달은 시간 단축을 가져왔다. 과거에는 손으로 글을 써서 편지를 보내면 도착하는 데만 일주일이 걸렸다. 하지만 이제는 전화나 문자로 즉시 원하는 사람에게 연락할 수 있다.

마실 것을 사기 위해 슈퍼마켓까지 가야 했던 시절이 있었다면, 이제는 자판기에서 쉽게 원하는 음료수를 구입할 수 있다. 물건을 사기 위해 시장에 가기보다는 인터넷 검색을 먼저 하는 시대다. 기술 발전이 인간의 삶을 더욱 편리하게 만들었음에도 불구하고 여전히 사람들은 시간이 부족하다고 말한다. 하지만 시간을 기록하고 관리하지는 않는다.

시간은 류비셰프가 살던 시대나 지금이나 변하지 않고 매일 누구에게나 공평하게 24시간이 주어진다. 기원전에도, 오늘날에도, 100년 뒤 미래에도 지구가 멸망하지 않는 한 하루 24시간은 똑같이 주어지게 될 것이다. 기원전에 살았던 세네카와 같은 학자들도 시간 관리의 중요성을 이야기했다.

류비셰프는 삶에서 가장 가치 있는 것은 시간이라고 했다. 나이가 들수록 앞으로 살아갈 시간은 점점 줄어들게 마련이다. 그에 반해 경험과 지식이 쌓이면서 시간의 가치는 점점 높아진다.

시간은 돈으로 살 수도 없고, 그 누구도 시간을 멈출 수 없다. 그렇기 때문에 시간은 우리 삶을 구성하는 핵심 요소다. 시간을 어떻게 관리하느냐가 삶의 핵심이 될 것이고, 멋진 미래를 만드는 열쇠가 될 것이다.

시간을 잘 관리하기 위해 빌 게이츠처럼 공격형으로 5분 단위의 계획을 세울 수도 있고, 일론 머스크처럼 방어형으로 타임 박스 기법을 쓸 수도 있다. 어느 방법을 선택하더라도 기본 바탕이 되어야 하는 것은 류비셰프처럼 시간을 기록하는 것이다. 기록해야만 우리의 시간이 어디에 어떻게 쓰이는지를 알 수 있고, 개선점을 찾을 수 있다.

현대 경영학의 아버지라고 불리는 피터 드러커 박사도 모든 일의 출발점은 시간 관리이고, 시간 관리의 핵심은 '자신의 시간을 아는 것Know thy time'이라고 저서인 《자기경영 노트》에서 말했다.

드러커가 성공한 기업과 기업가를 관찰하고 분석하면서 깨달은 교훈은, 성공적인 기업가는 일에서 시작하지 않는다는 것이었다. 그들은 시간에서 시작한다. 단순히 계획을 수립하는 것에서 일을 시작하는 것이 아니라, 실제로 이 일을 하는 데 시간이 얼마나 걸리는지를 파악하는 것에서부터 시작했다. 그리고 직접적인 성과를 낼 수 있는 일에 시간이 투입되도록 관리하고, 하지 않아도 되는 일에 시간이 낭비되지 않도록 철저히 관리해나갔다.

어느 회사든지 힘든 일을 뚝딱뚝딱 해내는 동료들이 있다. 미국에서는 이들을 레인메이커Rainmaker라고 부른다. 레인메이커는 미국 인디언들이 쓰던 말로, 가뭄이 들었을 때 비를 내리게 할 수 있는 능력을 가진 사람을 말한다.

비즈니스 세계에서도 마찬가지다. 다 같이 어려운 환경임에도 불구하고 영업에서 우수한 성과를 내는 세일즈맨이 있고, 상사의 어떠한 지시도 뚝딱뚝딱 처리해내는 탁월한 실력을 선보이는 인재가 있다.

회사에서 레인메이커가 되려면 어떻게 해야 할까? 남들보다 늦게 퇴근하고, 주말에도 근무하고, 팀장과 정기적으로 술자리를 가지면 되는 것일까? 아니면 공부를 많이 해서 남들보다 가방 끈을 길게 하면 되는 것일까?

레인메이커가 되기 위해서는 무엇보다 목표를 달성해낼 수 있는 실행 능력이 필요하다. 주위를 둘러보면 '일해야지, 해야지' 하면서 차일피일 일을 미루는 사람들을 볼 수 있다. 이런 사람들에게는 일을 시키기도 싫고, 일을 시키더라도 기대했던 목표를 달성해내기 어렵다는 것을 잘 안다.

이에 반해, 일을 시켜보면 기대 이상의 성과물을 가져오는 직원들이 있다. 일을 잘해오는 직원들은 시키는 일마다 잘해온다. 그런 사람들에게는 일이 몰리게 마련이다. 이들을 잘 살펴보면 목표 달성 능력이 하나의 습관인 것을 알 수 있다. 그렇기 때문에 사회 초년생 때부터 올바른 습관을 형성하는 것이 중요하다.

이를 습관화하려면 가장 먼저 올바른 시간관을 가슴에 새기고, 나의 시간이 어디에 어떻게 사용되고 있는지를 알아야 한다. 자신이 쓰는 시간이 직접적인 성과를 발생시키는 일에 쓰이고 있는지, 혹시 내가 하지 않아도 될 일을 하면서 시간을 보내고 있는 건 아닌지 돌이켜볼 수 있어야 한다.

올바른 시간관의 중요성은 하버드대학의 에드워드 밴필드Edward Banfield 박사가 쓴 《천국이 아닌 도시의 재방문The Unheavenly City Revisited》이라는 책에서 찾을 수 있다. 이 책은 미국 현대 도시의 문제점에 대해 가장 널리 읽히고 있는 책이다. 일부 내용은 금전적 성공과 사회계층의 연관 관계에 대해서 살펴보고 있다.

그는 현대 사회에서 금전적 성공을 불러오고 자산을 증가시키는 요인으로 개인의 특성, 지능, 교육 수준, 인종, 직업, 자라온 가정 및 환경 등을 꼽았다. 그리고 그 결과물과 상관관계 또는 인과관계를 찾기 위해 연구한 결과, 이 가운데 어느 것도 직접적으로 영향을 미치는 행동양식이 없다는 사실을 발견했다. 다만, 그가 발견한 부를 증가시키는 한 가지 요인은 시간관Time Perspective이었다. 그렇기 때문에 자신의 시간이 올바른 곳에 제대로 쓰이고 있는지를 수시로 점검하는 것이 중요하다고 했다.

이 장에서는 5분 단위로 철저하게 시간 관리를 하는 빌 게이츠와 일론 머스크의 사례를 살펴보았다. 종합해보면 두 사람 모두 자신에게 가장 소중한 것은 시간이고, 일분일초도 낭비되지 않도록 철저히 시간을 관리하는 모습을 확인할 수 있었다.

시간당 5억 원을 버는 빌은 누가 봐도 세상에서 가장 바쁜 사람임에도 바쁘다고 투덜대기보다는 시간을 관리하려고 노력하는 반면, 시간당 2만 원을 버는 일반 직장인들은 바쁘다는 말만 하고 시간이 어떻게 흘러가는지 제대로 눈여겨보지도 않는다. 시간은 소중하게 여기는 사람에게만 가치가 드러나는 법이다. 돼지에게 다이아몬드나 진주를 줘봐야 그것이 얼마나 가치 있는 것인지 알지 못한다. 하지만 그 돼지가 다이아몬드의 가치를 깨닫는 순간, 그 돼지는 성공으로 가는 삶의 기회를 얻게 된다.

시간의 소중한 가치를 깨닫고 잘 관리하기 위해서는 3단계의 프로세스를 거쳐야 한다. 이를 3P 전략이라고 했다. 첫째, 자신의 시간이 어디에 얼마나 쓰이는지를 알고Perceive your time, 둘째, 시간을 계획하고Plan your time, 셋째, 실천하고 평가하는Practice your time 것이다. 이 세 가지 간단한 방법을 바탕으로 자신의 시간을 네 가지 항목업무, 취침, 개인 용무, 자기계발으로 나누어 각 항목에 42시간을 쓰는 442법칙을 실천해야 한다. 류비셰프, 피터 드러커, 에드워드 밴필드 박사 등 많은 성공 사례들이 하나같이 시간 관리의 중요성을 이야기한다.

시간 관리는 진부하고, 누구나 아는 뻔한 이야기라며 한 귀로 듣고 한 귀로 흘려보내서는 안 된다. 이제라도 시간 관리를 실천하는 삶을 살아보자. 혹시나 진주가 내 눈앞에 떨어져 있는데 보지 못하는 것은 아닌지 다시 한 번 내 삶을 돌아보자.

이것만 알자!

1. 시간을 기록해보자. 자신이 생각하는 시간과 실제로 쓰이는 시간의 차이를 찾아보자.
2. 30분 단위로 관리하는 시간블록 방법을 활용해보자.
3. 바쁠수록 더욱 치밀하게 일정을 관리하자. 세상에서 가장 바쁜 빌 게이츠는 5분 단위로 시간을 관리한다.
4. 3P 전략
   1) 당신의 시간을 인지하라(Perceive Your Time).
   2) 당신의 시간을 계획하라(Plan Your Time).
   3) 당신의 시간을 실천하고 평가하라(Practice Your Time).
5. 변화하는 시대에 따라 시간을 네 가지(취침, 일, 개인 용무, 자기계발)로 나누어 442법칙을 활용해보자.
6. 타임 박스를 만들어 방해되는 요인을 사전에 차단하자.

4단계: 자투리 시간 활용법

하루 30분, 틈새 시간 만들기

자투리 시간의 사전적 정의는 '일과日課 사이에 잠깐씩 남는 시간'이다. 정확한 시간 기준은 없으나 보통 20분 이내의 짧은 시간을 자투리 시간이라고 한다.

자투리 시간은 시간에 의한 분류와 행위에 의한 분류로 나눌 수 있다. 예를 들어 행위에 의해 분류하자면, 어떤 행동을 하다가 잠깐씩 아무것도 하지 않는 시간도 자투리 시간이 될 수 있다. 또 회사까지 출근이 1시간 정도 걸리는 직장인의 경우 이 자투리 시간을 활용하여 공부를 할 수도 있다. 왜냐하면 출근이라는 목적을 달성하기 위해 출근이라는 활동을 하면서도 다른 행동을 할 수 있는 여지가 있기 때문이다. 시간의 길이와 상관없이 행동하는 데 여유가 있기 때문에 자투리 시간이라고도 할 수 있다.

시간과 행위의 분류에 상관없이 자투리 시간의 핵심은 우리가 그 시간에 무얼 하든 '자투리 시간은 흘러간다'는 것이다. 중요한 것은 멍하게 자투리 시간을 흘려보낼 것인가, 아니면 그 시간을 다르게 활용할 것인가는 여러분의 선택에 달렸다는 것이다.

우선 하루 일상 중 자투리 시간이 얼마나 되는지 확인해보자. 직장인의 경우 자투리 시간은 대개 비슷할 것이다. 주로 출근 시간, 일과 시작 전, 점심시간, 휴식 및 회의 시간, 퇴근 시간, 퇴근 후, 취침 전에 발생한다.

이 시간을 정리해보면 대체로 아래와 같다.

직장인의 자투리 시간

구분	자투리 시간	비고
출근 시간	5분 ~ 60분	
일과 시작 전	5분 ~ 30분	
점심시간	5분 ~ 60분	
휴식 시간	5분 ~ 30분	
회의 시간	5분 ~ 30분	
퇴근 시간	5분 ~ 60분	
취침 전	5분 ~ 30분	
소계	35분 ~ 5시간	

이처럼 하루에 사용 가능한 자투리 시간은 35분에서 5시간이 된다. 5시간이 뭉텅이로 주어진다면 할 수 있는 일들이 많을 텐데, 아쉽게도 회의에 참석해 기다리는 시간 10분, 일과 시간에 잠깐 쉬는 시간 10분, 점심 식사 후 20분, 오후 일과 중 5분 등 5~10분 단위로 발생한다. 그렇기 때문에 자투리 시간은 그냥 흘려보내도 그만이고, 스마트폰을 봐도 그만이다. 하지만 자투리 시간을 흘려보내다 보면 끊임없이 흘러가기만 할 뿐이다.

흘러가는 자투리 시간을 활용하려면 어떻게 해야 할까? 그 해답은 간단하다. 목표 의식을 갖는 것이다. 목표 의식이 있어야 낭비되는 시간을 아낄 수 있다.

예를 들어, 올해 목표를 '책을 100권 읽겠다'고 정했다면 적어도 일주일에 2권은 읽어야 한다. 따로 시간을 내서 책을 읽으면 좋겠지만 직장 생활하랴, 육아하랴 시간이 도무지 나지 않는다.

그럴 때는 어떻게 해야 할까? 가장 좋은 방법은 '손에 책을 들고 다니는 것'이다. 요즘 우리는 손에 항상 스마트폰을 들고 다닌다. 틈만 나면 스마트폰을 보기 바쁘다. 조금만 지루해도 스마트폰을 켠다.

2007년 이후 우리나라에 스마트폰이 보급되면서 10년 만에 스마트폰 단말기 회선 수가 5,068만 개에 이르렀다. 이는 통계청에서 제시한 2019년 우리나라 추계 인구 5,181만 명과 비슷한 수준이다. 결국 우리나라 인구 1명당 1대꼴로 스마트폰을 쓴다고 볼 수 있다. 쉽게 정보를 검색하고 언제 어디서나 전 세계 누구에게나 쉽게 연락할 수 있다 보니 많은 시간을 스마트폰에 빠져 산다. 오락도, 책도, 공부도 스마트폰을 통해서 다 할 수 있다.

즉각적인 정보를 쉽게 얻다 보니 굳이 열심히 외우고 생각할 필요가 없어졌다. 책보다 영상으로 보는 것이 훨씬 더 재밌다. 이러한 상황에서 자투리 시간 활용의 가장 큰 적은 스마트폰이 되었다. 자투리 시간을 활용하려고 켠 스마트폰이 금세 1~2시간을 잡아먹는 하마가 되기도 한다.

스마트폰으로부터 나의 자투리 시간을 지키기 위해 가장 좋은 방법은 하루 종일 손에 책을 들고 다니는 것이다. 손에 스마트폰이 있기 때문에 심심할 때마다 스마트폰을 열어보는 것이다. 하지만 손에 책이 있다면 어쩔 수 없이 책을 펼쳐볼 수밖에 없다. 그날그날 책 읽을 분량을 정해놓자. 그리고 손에 책을 들고 다니자. 이것만 해도 자투리 시간을 최대한 활용할 수 있다.

빌 게이츠의 자투리 시간 활용법

1990년 7월 어느 날, 빌은 일을 마치고 밤 11시에 로렐허스트 Laurelhurst에 위치한 자신의 집으로 돌아왔다. 곧바로 침대에 쓰러져야 할 만큼 지쳐 있었음에도 빌은 서재로 향했다. 그러고는 요즘 푹 빠져 있는 피카소와 관련된 책을 펼쳤다. 그는 요즘 과학 분야보다 역사와 전기 분야에 관심이 많다.

매일 밤 이렇게 1시간 정도 책을 보는 것은 빌의 평생 습관이다. 피곤함보다는 책을 보는 시간이 빌에게는 재충전의 시간이 되는 것이다. 전기로 휴대폰 배터리를 충전하듯이, 빌은 책에서 얻는 지식으로 자신의 삶을 충전하고 있었던 것이다.

빌은 되도록 7시간의 수면을 유지하려고 노력한다. 그래야 창의적인 사고를 하는 데 도움이 된다. 몇몇 책들은 너무나 재미있어

잠자는 것도 잊을 정도다. 마음 같아선 밤새 책을 보고 싶지만 다음 날이 문제다. 물론 빨갛게 충혈된 눈으로 회사에 출근하는 것은 그에게 큰 문제가 되지 않는다. 하지만 창의적인 사고를 위해서는 7시간 정도 잠을 자는 게 필요하다. 수면 부족이 연설을 하거나 일상생활을 해나가는 데는 문제가 없지만, 창의적인 사고를 하는 데는 문제가 되는 것을 알기에 빌은 하루 1시간 독서를 지키려고 노력한다.

빌은 낮에 자투리 시간을 활용하여 독서를 하는 스타일이 아니다. 오히려 자투리 시간을 모아서 최대한 일을 빨리 끝내고 뭉텅이 시간으로 만들려고 한다. 왜냐하면 그에게 있어서 자투리 시간은 독서하는 시간인데, 5~10분으로 집중하기에는 충분하지 않기 때문이다. 간단한 뉴스 기사나 유튜브 영상을 보는 것은 가능하겠지만 집중해서 책을 보기에는 적합하지 않다고 생각한다.

그도 가끔 잡지는 읽는다. 주로 영국에서 발행되는 〈이코노미스트〉를 본다. 물론 10분 동안 책도 여러 페이지는 볼 수 있다. 하지만 그렇게 책을 보면 중요 내용을 잃어버리기 때문에 책 읽는 효과가 떨어진다. 그래서 빌은 자투리 시간을 모아서 뭉텅이 시간으로 만드는 전략을 쓴다.

60세 중반의 나이에도 빌은 여전히 매일 밤 1시간씩 책을 읽는다. 하루 1시간이면 일 년에 365시간이고 최소 50권 정도의 책을 볼 수 있는 시간이다. 빌은 주로 논픽션을 읽기 때문에 500페이지 이상 되는 두꺼운 책들이 많다. 평소에 부족한 독서량은 일 년에 2주일 정도 '생각 주간Think Week'으로 정해서 이 기간에는 외부와 단절하고 오로지 책만 보면서 시간을 보낸다.

빌은 2010년부터 자신의 블로그인 '게이츠노트www.gatesnote.com'에 독서 리뷰 코너를 운영하고 있다. 매년 자신이 본 책들의 서평을 쓰고 구독자들에게 추천한다. 2018년에는 총 5권의 책을 추천했다. 유발 하라리의 《21세기를 위한 21가지 제언》, 타라 웨스트오버의 《에듀케이티드Educated》, 폴 샤이르의 《아미 오브 논Army of None》, 존 카레이루의 《배드 블러드Bad Blood》, 앤디 퍼디컴의 《헤드스페이스The headspace Guide to Meditation and Mindfulness》가 바로 그 책들이다.

2017년 빌 게이츠는 미국 디지털 뉴스 발행 서비스인 '쿼츠Quartz'와의 인터뷰에서 자신의 독서 방법에 대해서 이야기했다. 빌의 네 가지 독서 법칙을 살펴보자.

첫째, 여백에 메모를 한다.

빌은 주로 논픽션을 읽기 때문에 책을 읽을 때 집중해서 본다. 새로운 지식을 기존에 가진 지식과 어떻게 연계될 수 있는지 확인하면서 책을 읽는다. 여백에 자신의 생각을 적는 것도 중요하다.

이를 통해 책을 읽으면서 자신이 어떤 생각을 하고 있는지 알 수 있기 때문이다.

저자의 주장에 동의할 수 없는 경우에는 책을 읽는 데 시간이 오래 걸린다. 왜냐하면 여백에 많은 내용을 쓰기 때문이다. 그럴 때면 빌은 작가가 제발 내가 동의할 수 있는 내용을 말해줬으면 좋겠다고 생각한다. 그래야 책을 끝낼 수 있기 때문이다.

둘째, 끝내지 못할 책은 시작하지 않는다.

《무한한 재미Infinite Jest》라는 픽션 분야의 책이 있다. 빌은 이 책을 읽을지 말지를 고민하고 있었다. 왜냐하면 빌은 최근에 〈디 엔드 오브 더 투어The end of the Tour〉라는 영화를 재미있게 봤기 때문이다. 이 책이 200~300페이지였다면 고민하지 않았을 것인데, 생각보다 책이 두껍고 복잡했다. 예외를 만들고 싶지 않았다. 그래서 책 읽기를 포기했다. 한번 시작하면 끝을 보는 것이 빌의 규칙이기 때문이다.

셋째, 전자책보다는 종이책을 선호한다.

앞으로는 종이책이 전자책으로 바뀔지도 모르겠다. 하지만 빌은 저녁 시간에 종이책을 보거나 매거진을 보는 것을 즐긴다. 웃기게도 빌에게는 여행 갈 때 늘 함께하는 책가방이 따로 있다. 부피도 크고 구식이지만 빌은 이 가방을 빼놓지 않는다.

넷째, 한 시간 동안 다른 모든 일을 차단하고 책 읽는 시간으로 계획한다.

만일 여러분이 어떤 흥미로운 책을 읽고 있다면 한 시간 정도는 가만히 앉아서 책을 읽고 싶을 것이다. 그렇지 않으면 정신이 산만해져서 '음, 어디를 읽고 있었지?'라는 질문이 계속 들 것이다. 이처럼 독서는 5분이나 10분 단위로 할 수 있는 것이 아니다. 그래서 빌은 매일 밤 한 시간 이상 독서하는 데 집중한다.

뭉텅이 시간 만들기

빌 게이츠는 자투리 시간을 모아서 뭉텅이 시간을 만든다. 빌은 한 시간 정도 시간이 있어야 집중할 수 있고, 독서하기에도 좋다고 했다. 빌처럼 뭉텅이 시간을 만들려면 어떻게 해야 할까?

첫째, 시간을 기록해야 한다.

이정호 씨는 시간을 기록하기 시작하면서 놀라울 만큼 삶이 바뀌었다. 오늘 반드시 끝내야 하는 업무들을 먼저 기록하고, 우선순위를 고려하여 시간대별로 일을 배치해 주어진 시간 내에 모든 일을 끝내려고 노력한다. 그래서 직장에서 불필요한 잡담, 인터넷 기사 검색 같은 건 할 시간도 없다. 쓸데없이 회의를 하며 농담 따먹기도 하지 않는다. 오로지 주어진 시간 내에 일을 끝내려고 한다. 그 덕분에 그는 이제 틈틈이 자투리 시간에 책을 보거나 글을 쓸 수 있게 되었다.

둘째, 매일 1시간씩 확보할 수 있어야 한다.

매일 추가적으로 1시간만 확보할 수 있다면 내 인생이 어떻게 바뀔까? 하루 1시간이면 일주일에 7시간이고, 한 달에 30시간, 1년이면 365시간이 된다. 300쪽의 책 한 권을 읽는 데 보통 3~4시간이 걸린다. 365시간이면 족히 100권의 책을 읽을 수 있는 시간이다.

또한 365시간은 15일에 해당한다. 일 년에 남들보다 15일을 더 살 수 있는 비법이 하루 한 시간을 아끼는 것이다. 시간은 돈처럼 저축이 되지 않는다. 흘러가면 다시 찾을 수 없다. 그렇기 때문에 흘러가는 시간을 잡으려면 낭비 없이 잘 활용해야 한다.

자투리 시간을 활용해서 책을 읽거나 개인의 목표를 달성하기 위해 쓴다면 충분히 생산적인 일을 할 수 있다. 이렇게 매일 1시간을 확보하기 위해서는 나의 자투리 시간이 얼마나 되는지 알고 있는 것이 중요하다.

자투리 시간 활용 전략

누구에게나 자투리 시간이 있다는 것을 모르는 사람은 없을 것이다. 그렇다면 이 자투리 시간을 어떻게 활용할 수 있을까? 이에 대해서 몇 가지 방법을 제시하고자 한다.

점심시간 활용 전략: 남들과 반대로 하라

직장인들의 점심시간은 보통 팀 단위로 이루어진다. 어떤 중요한 사안이 있어서 혹은 중요한 이야기를 나누기 위해서 함께하는 것은 아니다. 단체 생활하는 조직문화 속에 있다 보니 함께해야 마음이 편안하다. 왠지 팀원들과 점심을 같이 먹지 않으면 왕따를 당하는 기분이다.

우리나라 사람들은 뭐든지 통일하고 함께하는 데서 편안함을 느낀다. 문제는 남들과 같이 이동하고, 식사를 하다 보면 천천히 식사하는 사람을 기다려줘야 한다는 것이다. 이동하는 데도 원치 않는 시간을 소비해야 한다.

박진홍 부장은 가급적이면 점심시간도 자신의 시간으로 사용하려고 한다. 일주일에 한 번 정도만 팀원들과 함께 점심 식사를 한다. 나머지 네 번 중에 두 번은 영어 공부를 한다. 12시부터 25분간 외국인과 화상 영어 수업을 한다.

수업이 끝나면 구내식당에 식사를 하러 간다. 다른 팀원들이 식사하고 있는 곳에 가서 그들과 대화를 나눈다. 그들의 고충도 듣는다. 평소 잘 알지 못했던 사람과 친해질 수 있는 좋은 기회도 된다. 또한 회사가 어떻게 돌아가는지 들을 수 있어서 전반적인 회사 동향을 이해하는 데에도 도움이 된다. 식사 후에는 20분 정도 산책을 하며 오전 내내 앉아 있어서 경직된 근육을 풀어준다.

일주일에 두 번은 점심시간이 시작함과 동시에 헬스장으로 가서 러닝머신을 뛴다. 바쁜 일상 속에서 지쳐 있는 심신을 땀을 흘리며 쌓인 피로를 씻겨낸다. 40분 정도 달리고 10분 정도 샤워를 하고 간단히 식사를 하거나 간식을 가지고 사무실로 돌아가서 오후 업무를 시작한다.

적어도 일주일에 한 번은 팀원들과 식사를 한다. 일주일에 한 번이지만 팀원들은 별다른 이야기도 하지 않고 그냥 밥만 먹고 가는 분위기다. 이렇게 한 달만 생활하면 팀원들도 나의 점심 식사에 굳이 관심을 갖지 않는다. 점심시간을 온전히 나만을 위한 시간으로 쓸 수 있다.

회의 시간을 활용하라

직장에는 불필요한 회의가 많다. 굳이 내가 참여하지 않아도 되는 회의라 해도 막상 불참하기에는 눈치가 보인다. 그런 경우를 대비해 필자의 비법은 일을 싸 들고 회의장으로 가는 것이다.

회의가 10시 시작이라면 10시 정각에 시작하는 경우는 많지 않다. 일부 늦게 오는 사람들을 기다리다 보면 회의는 10분 정도 늦어지게 마련이다. 정각에 시작하더라도 처음에는 아이스 브레이크와 같은 잡담으로 시작하는 경우가 많다. 이 10분, 20분이 일하기에 좋은 찬스다.

회의가 있는 경우 그날 아침엔 의도적으로 메일을 확인하지 않는다. 왜냐하면 회의장에 가서 노트북을 펼쳐놓고 이메일로 요청 온 업무를 하면 되기 때문이다.

굳이 근사하게 길게 메일을 쓸 필요도 없다. 메일 회신 타이밍이 늦어진 경우에는 정성을 다해 의도적으로 길게 써야 하지만, 바로 바로 답장을 보낼 경우에는 요청 사항에 대한 답변만 해주면 된다. 중요한 일들은 대부분 사내 공문을 통해 주고받기 때문에 메일로는 가벼운 문의와 협조만 해주면 된다.

회의가 길어질 경우 이메일 업무를 처리하고도 시간이 남는다면, 그때는 단순 문서 작성 업무를 한다. 생각을 많이 안 해도 되는 일들을 정리한다. 주로 간단히 끝낼 수 있는 업무들을 처리하는 편이다. 왜냐하면 회의 중간중간에 진행 사항을 체크해야 하기 때문이다. 혹시나 나올 수 있는 질문에 대비하기 위해서다. 너무 멍하니 있는 것도 역량이 없어 보이기 때문에 문제가 된다.

만약 본인이 회의를 주관하는 경우라면 다를 것이다. 회의를 주관하게 되면 최대한 회의를 빨리 끝내는 것이 중요하다. 대부분의 회의는 의사 결정을 하기 위한 목적으로 개최되는 경우가 많다. 따라서 회의 전에 참석자들에게 안건을 보내고 사전에 의견을 조율해두는 것이 중요하다.

가능하다면 안건에 대해 합치점을 정해두는 것이 좋다. 그리고 본 회의에 들어왔을 때는 의사 결정 사항에 대해 다시 한 번 합의만 하면 회의는 간단히 끝난다. 굳이 비율을 나눈다면 회의 전에 90%를 하고 회의 때는 10%의 시간을 투입하면 되는 것이다. 이렇게 하면 회의 시간도 짧아지고 상사에게 일을 잘한다는 이야기도 들을 수 있다.

출장 시간을 활용하라

출장을 혼자 가는 경우는 자가운전보다는 가급적 대중교통을 이용하는 것이 좋다. 그래야 자신이 원하는 일을 할 수 있다. 만약 두 명 이상 같이 가야 한다면 함께 이동하는 것보다 약속 장소에서 만나는 것이 좋다. 자기만의 시간을 최대한 확보하는 것이 중요하기 때문이다.

특히 상사를 모시고 가는 경우에는 자신의 시간을 만들기 어렵다. 그럴 경우 최소한 자리라도 떨어져 앉으라. 그러면 가는 시간 내내 나만의 시간을 만들 수 있다. 만약 이것도 어렵다면 상사와의 개인적인 대화를 통해 서로 이해할 수 있는 유익한 시간이 되도록 유도해야 한다.

주변을 정리하라

주위에 있는 직장 동료의 책상을 둘러보라. 일을 잘하는 동료와 못하는 동료의 책상을 비교해보라. 경험상 일처리가 깔끔한 사람들은 책상 위에 물건이 잘 정리되어 있다.

특히 퇴근 후에 그들의 책상을 보면 보다 명확하게 업무 성향이 드러난다. 이것저것 서류가 어질러져 있고, 퇴근 후에도 책상 정리가 안 되어 있으면 그 사람은 맺고 끊음이 명확하지 않은 성향을 가진 사람일 확률이 높다. 일처리가 느릴 뿐 아니라 어제에 이어 오늘도 일이 마무리되지 못하고 늘어지는 경향이 있다.

이에 반해, 퇴근 후에 자리가 깨끗한 사람은 일의 시작과 맺음이 잘 확립되어 있는 사람일 확률이 높다. 중간중간 일의 진행 사항을 정리하고 일이 늘어지지 않도록 할 것이다. 어제에 이어 오늘이 아니라, 어제는 어제로 마무리하고 오늘은 새로운 하루를 시작했을 것이다.

책상이 지저분한 사람에게 특정 업무 관련 서류를 찾아달라고 해보자. 아마도 그는 쌓여 있는 서류 더미를 여기저기 뒤적이다가, 한참 뒤에나 요청한 서류를 가지고 나타날 것이다. 하지만 책상이 잘 정리된 사람은 업무 관련 서류가 이미 체계적으로 정리되어 있기 때문에 말이 끝나기가 무섭게 부탁한 서류를 찾아줄 것이다.

이처럼 자투리 시간이 날 때마다 책상을 정리하는 습관을 길러보자. 이미 끝낸 업무는 서류철에 보관하고 불필요한 자료는 자투리 시간이 날 때마다 버리자. 틈틈이 책상을 정리하는 것만으로도 업무 생산성을 높일 수 있다.

혹시 아직까지 책상 정리하는 방법을 모르겠다면 다음의 방법을 따라 해보자.

우선 책상 위에는 컴퓨터만 두고 기타 서류철은 모두 서랍에 집어넣는다. 보통 직장인의 책상 서랍은 3단으로 되어 있을 것이다. 맨 위 서랍에는 자주 쓰는 필기구를 배치한다. 불필요한 필기구는 정리하고 꼭 필요한 것들만 서랍에 두자.

두 번째 서랍에는 개인 용품을 넣는다. 여기에는 스마트폰, 치약·칫솔, 영양제, 명함 등 개인적으로 사용하는 용품을 넣어두자. 특히 스마트폰은 출근 후 꼭 서랍에 넣어두고 필요한 경우와 정해진 시간에만 확인하도록 하자.

맨 아래 서랍에는 모든 서류철을 넣어두자. 필요한 경우에는 서랍을 열어 서류를 확인하고 책상 위에는 서류를 쌓아두지 말자. 서류 찾는 데 낭비하는 시간이 가장 아까운 시간이다.

만약 처리해야 하는 서류가 많은 경리의 경우, 책상 위에 3단 정도의 서류 보관함을 따로 두면 좋다. 맨 위에는 단기적으로 2~3일 만에 처리할 업무, 두 번째는 중기적으로 1~2주 정도 소요되는 업무, 맨 밑에는 1달 이상 장기간이 소요되는 업무로 구분해서 서류를 보관하면 훨씬 효율적으로 일할 수 있다.

5분, 10분, 15분 자투리 시간 계획을 사전에 수립하라

5분, 10분, 15분 정도의 자투리 시간이 생기는 경우가 많다. 이때를 대비해두지 않으면 그냥 멍하게 흘려보내거나 스마트폰을 꺼내 들게 된다. 스마트폰을 꺼내 낭비하는 시간을 막으려면 사전 계획이 중요하다. 5분, 10분, 15분 짬나는 시간에 대비해야 할 것들을 계획해두자.

올해 책을 100권 보기로 목표로 세우고 손에 책을 들고 다닌다면 자투리 시간이 생길 때마다 감사히 책을 펼칠 것이다. 만약 책을 읽지 않는다면 무엇을 해야 할까? 지덕체를 함양하기 위한 계획을 수립하라. 5분이면 무엇을 할 수 있을까?

- 5분 : 책상 정리, 영어 단어 5개 외우기, 독서노트 보기, 스트레칭
- 10분 : 신문 사설 보기, 부모님께 안부 전화, 계단 오르기
- 15분 : 글(일기)쓰기, 독서하기, 다이어리 정리하기, 산책하기

스마트폰은 되도록 보지 마라

스마트폰은 일의 집중력을 떨어뜨리는 주범이다. 5분이 멀다하고 울려대는 카톡과 SNS 메시지는 업무 생산성을 떨어뜨린다. 주위를 둘러보면 몇몇 직원들은 컴퓨터 모니터 옆 가장 잘 보이는 곳에 스마트폰 거치대를 설치해두고 일을 한다. 실시간으로 오는 카톡을 놓칠세라 수시로 스마트폰을 확인한다. 틈틈이 SNS를 확인하며 지인들이 올리는 사진과 글을 보기도 한다. 그러면서 그들은

하나같이 짬이 없다고 한다. 짬이 나는 시간에 스마트폰을 보니 당연히 짬이 생길 리가 없지 않겠는가.

스마트폰은 우리 삶을 편리하게 해주지만 중독성이 강하다. 항상 휴대하기 때문에 손쉽게 확인도 가능하다. 그래서 가장 무서운 자투리 시간 도둑이다. 스마트폰은 꼭 필요할 때만 확인하고 정해진 목적에만 사용하도록 유의하자.

자투리 시간을 어떻게 사용하느냐에 따라 우리 인생도 달라질 수 있다. 이 시간은 저축과도 같아서 조금씩 모으다 보면 뭉텅이로 확 불어나기도 한다. 자투리 시간을 대할 때는 5분, 10분, 15분 단위로 계획을 세워 실천하거나, 자투리 시간을 모아서 뭉텅이 시간으로 활용하는 것이 좋다.

빌 게이츠처럼 자투리 시간을 뭉텅이 시간으로 바꾸어 쓰면 상당히 큰 효과를 볼 수 있다. 혹시 아는가. 우리도 빌처럼 독서광이 돼서 풍부한 지적 역량이 발휘할 수 있을지.

일론 머스크의 틈새 시간 활용법

2017년 6월 어느 날, 일론 머스크는 점심시간도 없이 회의를 진행하며 팀원들과 열띤 토론을 하고 있었다. 그는 테슬라의 CEO지만 직원들과 구분이 안 될 정도로 간편한 차림이었다. 그날도 검정 반팔 티에 짙은 청바지를 입은 일론은, 넥타이를 매고 정장 차림으로 경영진을 불러모아 회의를 진행하기보다는 엔지니어들과 함께 기술적인 문제에 대해 논의했다. 이것이 회사 발전을 위한 길이라고 생각했기 때문이다.

지속적으로 발생하는 공장 기계들의 시스템 에러 문제에 대해서 엔지니어들과 씨름하며 오늘 점심도 햄버거로 간단하게 때운다. 2시간의 긴 회의가 끝나기가 바쁘게 사무실로 돌아온 일론은 자리에 앉자마자 한 권의 책을 집어 든다. 꽤나 두꺼워 보이는 그

책은《반지의 제왕》이다. 일론은 책을 펼치고 읽기 시작했다.

그 순간 책의 한 구절이 일론의 가슴을 울렸다.

> 누구나 삶을 살면서 힘든 시간이 찾아오게 마련이다. 그것은 우리가 결정할 수 있는 사항이 아니다. 우리가 결정해야 하는 것은 우리에게 주어진 시간을 어떻게 쓸 것인가다.
>
> So do all who live to see such times, but that is not for them to decide. All we have to decide is what to do with the time that is given to us.

고난의 시기와 행복의 시기를 우리가 결정할 수는 없다. '인생사 새옹지마'라는 속담처럼 힘든 시기가 있으면 좋은 시절도 오게 마련이다. '이런들 어떠하고 저런들 어떠하랴'가 아니다. 좋은 시절에는 닥쳐올 화를 대비해야 하고, 힘든 시기에는 복이 되는 시기를 준비해야 한다.

언제 어느 시기든 우리가 무엇을 해야 할지를 결정해야 한다. 일론은 어떤 시기에도 시간을 인생에서 가장 가치 있는 것으로 보고 자투리 시간조차도 낭비하지 않으려고 노력했다. 특히 그는 휴대폰이나 이메일이 자신의 시간을 방해하는 것을 끔찍이 싫어한다. 그래서 최대한 할 일을 계획하고 계획된 시간에는 집중해서 일하고 그 이외의 행동은 가급적 삼간다. 남는 자투리 시간에는 스마트폰을 보기보다 책을 읽는다.

독서는 지금의 일론이 있게 만들어준 스승이다. 일론은 어린 시절 하루에 10시간 이상 책을 읽는 데 썼다. 초등학교 4학년 즈음 도서관에 있는 책을 모조리 읽을 만큼 엄청난 독서광이었다.《브리태니커 백과사전》을 좋아했고, 다양한 분야의 책을 흥미 있게 읽으며 지식의 깊이를 쌓아갔다.

일론은 훌륭한 인물의 업적을 그린 위인전을 좋아한다. 스티브 잡스의 위인전을 흥미롭게 읽었고, 벤자민 프랭클린을 자신의 영웅으로 꼽는다. 벤자민 프랭클린은 미국 혁명의 영원한 아이콘이다. '미국 건국의 아버지'라고 불리기도 하지만, 난로, 피뢰침, 이중초점 렌즈를 개발한 발명가라는 점이 혁신가인 일론에게 더욱 귀감이 된다.

미국 달러에 그려진 인물 중에 대통령이 아닌 사람은 딱 두 사람이다. 한 명은 100달러 지폐에 그려진 벤자민 프랭클린이고, 다른 한 명은 10달러 지폐에 그려진 알렉산더 해밀턴이다. 해밀턴은 1789년부터 1795년까지 조지 워싱턴 정부의 첫 재무부 장관이었으며, 미국 경제 체제를 구축한 사람으로 인정받는다.

벤자민 프랭클린은 미국 국가 건설의 중요한 역할을 한 건국의 아버지라고도 불린다. 그는 미국을 독립으로 이끈 가장 중요한 세 가지 문서프랑스와의 동맹 조약, 파리 조약, 독립선언에 서명을 했다. 그리고 헌법의 서명자 중 한 명이다. 미국 대통령도 아니고 인쇄소 인쇄공에 지나지 않는 사람이 어떻게 미국에서 가장 존경받는 사람 가운데 한 명이 되었을까? 그것은 그의 자서전《덕에 이르는 길》을 보면 알 수 있다.

그는 삶의 목표를 부와 명예를 탐하지 않는 '인격 완성'을 목표로 세우고, 철저한 자기 관리와 시간 관리를 통해 이를 달성하고자 하였다. 13가지 덕목으로 '절제, 침묵, 규율, 결단, 절약, 근면, 정직, 정의, 중용, 청결, 평정, 순결, 겸손'을 정하고, 이를 습관으로 만들기 위해 한 주에 한 가지씩 덕목을 선정하였다.

조그만 수첩에 매일 시간 관리를 하며, 아침마다 선행을 계획하고 저녁엔 이를 점검하며 하루하루를 채웠다. 그렇게 일주일을 보내고 나면 다음 덕목으로 넘어가고, 이렇게 13주를 일 년에 네 번 반복하며 이를 습관화시켰다. 여기서 주목할 점은 철저한 자기 관리를 위해서는 '목표'를 설정해야 한다는 것이다.

그렇다면 우리는 무엇을 목표로 삼아야 할까? 물론 개인마다 설정한 목표가 있고, 추구하는 바가 있을 것이다. 하지만 성공하기 위해서는 공통적으로 해야 할 것이 있다. 바로 독서다. 우리는 독서를 통해 수십, 수백, 아니 수천 년의 지식이 담겨 있는 책들을 몇 시간 만에 자기 머릿속에 넣을 수 있다. 특히 수백 년 이상 된 고전을 읽는다는 것은 수백 년 된 산삼을 먹는 것과 같다.

일론도 어린 시절부터 하루 10시간이 넘는 엄청난 독서량으로 지식을 쌓았다. 그는《은하수를 여행하는 히치하이커를 위한 안내서》,《반지의 제왕》,《파운데이션》,《달은 무자비한 밤의 여왕》과 같은 공상과학소설을 좋아했다. 이러한 책을 읽고 혼자만의 세상을 상상하며 그려왔던 꿈이 그를 21세기 최고의 혁신가로 만드는 원동력이 되었다.

화성에 식민지를 만들고, 재활용이 가능한 우주발사체를 만들어 사람들을 화성으로 실어 나르는 생각은 모두 책에서 얻은 것이다. 일론 머스크와 같이 성공한 리더들은 책에서 영감을 얻는다.

물론 책을 읽는다고 모두가 성공하는 것은 아니다. 하지만 성공한 사람들은 항상 책을 가까이한다.

미국의 16대 대통령 에이브러햄 링컨은 말했다. "한 권의 책을 읽은 사람은 두 권의 책을 읽은 사람에게 지배당한다."

성공하기를 원하는가? 그렇다면 책을 가까이 두어야 한다.

하루 30분 독서 전략

여러분은 일 년에 몇 권의 책을 읽는가? 가슴에 손을 얹고 생각해보라. 보통 책을 읽지 않거나 1년에 10권 미만일 것이다.

문화체육관광부의 '2017년 국민독서실태조사'에 따르면, 우리나라 성인들은 연간 8.3권의 책을 읽는다고 한다. 흥미로운 사실은 나이가 들수록 독서량이 줄어든다는 것이다. 초등학생은 연간 67.1권, 중학생은 18.5권, 고등학생은 8.8권, 성인은 8.3권을 독서한다. 책 읽기가 어려운 이유는 '시간이 없어서'라는 응답이 가장 많았고, 그다음으로는 '휴대전화 이용'이었다.

여기서 우리가 주목할 점은, 독서를 하기 위해서는 부족한 시간과 휴대폰 사용을 극복해야 한다는 것이다. 즉 시간을 따로 만들어야 하고, 휴대전화 사용을 줄여야 한다.

한 달에 책 한 권도 못 읽는 사람이 어떻게 일주일에 1권의 책을 읽을 수 있을까? '하루 30분 독서 전략'을 활용해보자.

책은 보통 200자 원고지 1,000매 분량으로, 평균 300페이지 정도가 된다. 원고지 10매 내외가 A4 용지 1장이 되는 것이다. A4 1장에 1,700자 정도 들어가며, 한 권의 책은 A4 용지 100장 정도로 170,000자 정도가 된다. 일주일에 한 권의 책을 읽으려면 하루에 43페이지, 24,000자를 읽으면 된다. 보통 100페이지를 읽는 데 1시간 정도가 소요되므로, 43페이지면 대략 30분 미만이 될 것이다. 하루에 30분만 확보하면 일주일에 한 권의 책을 읽을 수 있다.

하루에 30분을 자신을 위해 시간을 만든다는 것은 어려운 일이 아니다. 하지만 실천하기는 쉽지 않다. 왜냐하면 독서를 위한 시간 계획을 세우지 않기 때문이다.

그냥 '책을 읽어야지'라고 마음만 먹으면 실천하기가 쉽지 않다. 왜냐하면 꿈은 꿈으로 끝나버리기 쉽기 때문이다. 이 꿈이 현실이 되려면 독서와 공식적으로 약속을 잡는다고 생각해야 한다. 독서하는 시간을 여자 친구와 만나는 시간이라고 생각하고, 그 시간을 지키기 위해 노력해야 한다. 그리고 자신을 세상에서 가장 중요한 사람이라고 생각해보자. 대통령, 여자 친구보다 더 중요한 사람이 자신이라면 자신과의 약속을 어기기는 쉽지 않을 것이다. 하루에 30분만 자기 자신과 약속한다면 일 년에 50권의 책을 읽는 것은 그리 어려운 일이 아니다.

매일 아침, 하루 계획을 세울 때 독서할 시간을 비워두자. 책은 잠자기 전에 보는 것이 아니라 가장 소중한 자신과의 약속 시간이라고 생각해야 한다.

일상생활에 바빠서 독서할 시간이 없다는 직장인이 많다. 특히 저녁시간에 독서 계획을 세우면 항상 틀어지게 마련이다. 갑자기 일이 생겨서 퇴근이 늦어지거나, 회식이 잡혀 늦게까지 동료들과 시간을 보내야 하는 경우도 생긴다. 어떤 날은 몸이 지쳐 그냥 쉬고 싶을 때도 있다. 이렇게 하루 이틀 쉬고 나면 만사가 귀찮은 게 인지상정이다.

독서는 당장에 안 한다고 해서 크게 표시 나는 것은 아니다. 독서량이 쌓이면 자연스레 지식과 연결되고 지적으로 성장하게 된다. 물도 100도가 되기까지는 서서히 뜨거워지다가 100도를 넘는 순간 팔팔 끓기 시작한다. 이처럼 지식도 임계점까지는 서서히 성장하다가 임계점을 지나는 순간 기하급수적으로 성장한다.

문제는 임계점에 이르기까지 시간이 오래 걸린다는 것이다. 하지만 임계점만 지나면 짧은 시간에 성장 속도가 급격히 상승한다는 것을 느낄 수 있다. 어떻게든 우보천리牛步千里, 소처럼 우직하게 한 걸음 한 걸음 가다 보면 천리를 갈 수 있다는 뜻의 마음가짐으로 임계점까지 꾸준히 실천하는 것이 중요하다.

그렇다면 직장인이 다른 외부 요인의 방해를 받지 않고 임계점까지 꾸준히 독서하는 방법은 없을까? 내가 추천하는 방법은 아침형 인간이 되는 것이다. 아침에 일찍 일어나 남들이 자는 시간에 나만의 시간을 가진다면 외부 요인으로 방해받는 일 없이 온전히 나만의 시간을 가질 수 있다.

김상덕 과장은 아이들을 밤 9시에서 10시 사이에 재우고, 그 이후 시간에 독서 및 개인 시간을 가졌다. 하지만 몸이 피곤해 책상에서 꾸벅꾸벅 졸기 일쑤였다. 사실 책상에 앉아 있어도 책보다는 스마트폰을 보는 게 더 좋았다. 더 솔직히 말하면, 책상에 앉아 있는 것보다 소파에 누워 있는 게 좋았다. 밤에 자는 시간이 아까워 늦게까지 TV를 보고 잤다. 그러다 보니 아침에 일어나면 허겁지겁 세수하고 출근하기 바빴다. 하루하루 일에 지치고, 육아에 지치고, 수면 부족의 악순환에 빠졌다.

그러던 어느 날, 애들을 재우다가 밤 9시에 같이 잠들어버렸다. 다음 날 새벽 5시에 눈이 딱 떠졌다. 뭘 할까 고민하다가 산책을 하고, 집에 와서 샤워하고 책을 읽었다. 출근 후 하루를 시작하니 아침부터 읽은 책으로 동기부여도 되고 자신감도 생겼다. 평소보다 일찍 하루를 시작한 덕에 심적으로도 여유가 생기고, 업무도 시간에 쫓기지 않고 여유롭게 임할 수 있었다.

요즘 김 과장은 9시쯤 취침을 준비하고 애들을 재운다. 자신도 9시 반에는 잠자리에 든다. 그리고 다음 날 새벽 4시 반에 기상해서 자기만의 시간을 갖는다. 이 두 시간은 오로지 자신을 위해 쓴다. 책을 읽고 글을 쓰거나 못다 한 공부를 한다. 월수금은 주로 수영장에 가서 아침 운동을 하며 건강을 유지한다.

새벽에 일어난다고 해서 곧바로 책상에 앉는 것은 아니다. 컴퓨터도 전원 버튼을 누르고 부팅할 시간이 필요한 것처럼, 우리 몸과 머리도 기상과 동시에 100%인 상태로 곧바로 작동되지 않는다. 어느 정도 우리 몸과 뇌가 활성화될 수 있도록 워밍업을 시키는 것이 중요하다.

우선 기상과 동시에 그날 밤에 꾸었던 꿈을 다이어리에 놓치지 않고 기록한다. 잠을 자고 있는 중에도 우리 뇌는 무의식중에 계속 작동을 한다. 그날 있었던 일, 평소 가지고 있던 고민에 대해서 컴퓨터 서버가 돌아가며 조각난 파일을 정리하듯, 꿈이 그 해결책을 제시해주는 경우가 종종 있다. 그래서 아침에 일어나면 꿈속에서 보았거나 들었던 내용을 메모하는 것이 좋다. 눈뜨자마자 기록하지 않으면 나중에 '그때 꿈을 꾸긴 했는데'라는 생각만 날 뿐 아무런 기억도 나지 않기 때문이다.

그다음으로 잠자리를 정리하거나 이불을 갠다. 이것은 어제 하루를 보내고 오늘을 새롭게 시작한다는 의미로 아침을 여는 행위다. 그러고 나서 주방에 가서 물을 한 컵 가득 따라 마신다. 우리 뇌는 75%가 물로 이루어져 있기 때문에 아침에 일어나면 밤새 공급받지 못한 수분을 공급해줌으로써 다시 원활한 환경을 만들어주어야 한다. 자동차에 기름을 넣는다고 생각하면 된다.

그다음에는 화장실에 가서 평소에 쓰지 않는 손으로 양치를 한다. 오른손잡이는 평소에 좌뇌만 쓰게 마련이다. 이때 반대편 손을 써서 우뇌를 자극해주면 뇌가 보다 빠른 반응을 할 수 있다.

방으로 돌아와 양반다리를 하고 심호흡을 20회 정도 하며 뇌에 산소를 넣어주고, 팔굽혀펴기를 30회 정도 하고, 스트레칭을 하고 책상 앞에 앉는다. 이렇게 하면 우리 몸도 뇌도 어느 정도 워밍업이 되기 때문에 이성적인 사고를 하기 위한 준비가 된다.

* 기상 후 하는 일

- 어젯밤 꿈 회상하며 기록하기
- 이불 개기
- 뇌에 수분을 보충하기 위해 물 한 컵 마시기
- 오른손잡이는 왼손으로 양치하기(왼손잡이는 반대로)
- 명상하기

- 간단히 운동하기

이 방법은 미국의 동기부여 전문가인 짐 퀵Jim Kwik이 전수하는 비법이다. 그는 5살 때 뇌를 다치는 바람에 정상적으로 사고를 할 수가 없었다. 그래서 정상인이 되기 위해 끊임없이 뇌 기능을 높이려고 노력했다.

그는 매일 아침 뇌에 좋은 차를 끓여서 마시는 등 10단계 기상 후 행동을 실천하며 하루를 시작한다. 그 결과 다양한 노하우를 통해 뇌 기능을 뛰어나게 만들고 단련할 수 있었다. 짐은 이러한 비법을 일론 머스크, 래리 킹 등 유명 인사들에게 가르치고 전파하면서 현재 동기부여 전문가로 활동하고 있다.

필자도 아침 일찍 일어나서 생활하기 시작하면서 삶이 많이 바뀌었다. 보통 밤 9시에 취침해서 새벽 4~5시경에 기상하는 사람을 '아침형 인간'이라고 하고, 새벽 2시경에 자서 아침 9~10시경에 기상하는 사람을 '저녁형 인간' 또는 '올빼미형 인간'이라고 말한다.

둘 다 장단점이 있겠지만 필자가 생각하는 아침형 인간의 가장 큰 장점은 숙면을 취한다는 것이다. 아침 일찍 일어나야 하니 전날에 불필요한 일을 하지 않는다. 늦은 밤에 술을 마시거나 야식을 먹거나 TV를 보지 않기 때문에 우리 몸이 숙면을 취할 수 있다.

또한 아침 일찍 일어나면 온전히 나만의 시간을 가질 수 있기 때문에 자신에 대해서 깊이 있게 성찰하고 자기 역량을 꾸준히 개발할 수 있다. 특히 아침의 한 시간은 뇌세포가 가장 활성화되는 시간이기 때문에 낮 시간의 3시간과 맞먹는다. 즉 아침에 2시간은 낮의 6시간에 상응하는 시간이기 때문에 아침형 인간이 되면 하루를 두 배로 살 수 있는 비법이 된다.

성공적인 CEO는 아침형 인간이 많다. 어려움을 극복하고 성공적인 인생을 살고 있는 짐 콱, 전 세계 최고 갑부 중에 한 명인 빌 게이츠, 워렌 버핏도 아침형 인간이다. 우리나라 한 연구기관의 조사에 따르면, 우리나라 대기업 CEO의 평균 기상 시간은 5시 45분이라고 한다. 그들 대부분은 아침 일찍 일어나 하루를 맞이한다.

성공한 CEO들의 이러한 비법을 여러분도 한번 실천해보고 무엇이 자신에게 맞는지 스스로 판단해보자. 단번에 습관을 바꾸기는 어렵지만, 변화로부터 얻는 이점이 크다면 충분히 실천해볼 만한 가치는 있을 것이다.

이 장에서는 누구에게나 주어지는 자투리 시간에 관해 살펴보았다. 이 시간을 멍하게 흘려보낼지, 아니면 전략적으로 사용하는 습관을 기를지는 각자 자신이 선택해야 한다. 하지만 이 작은 선택이 우리 인생에 큰 변화를 만들어준다는 사실은 분명하다.

모든 강물은 흘러 바다로 간다. 그냥 남들 따라 흘러갈 것인지, 가는 길목마다 진정으로 자신이 원하는 모습을 만들며 갈 것인지 결정하는 것은 나 자신이다.

불확실한 미래를 예측하는 가장 효과적인 방법은 자신의 목표대로 미래를 만들어가는 것이다. 이를 위해 가장 기초가 되는 것이 독서다. 독서 말고는 수천 년에 걸쳐 선조들이 정리해둔 지식을 배울 방법이 없다. 빌 게이츠도 일론 머스크도 자투리 시간에는 늘 독서를 했다. 두 사람의 성공 아이디어는 모두 책 속에서 나왔고, 둘 다 광적으로 책을 좋아했다.

매일매일 발생하는 자투리 시간을 어떻게 활용할 것인지에 대해서는 목표 의식을 가지는 것이 중요하다. 핵심은 쓸데없이 휴대폰을 보며 흘려보내는 시간을 만들지 않는 것이다. 시간은 누구에게나 공평하게 24시간이 주어지지만 그것을 어떻게 사용할지는 자기 몫이다.

매일 아침 하루 30분의 자투리 시간을 만들어 독서를 해보자. 우공이산의 마음으로 하루 30분씩 꾸준히 하는 독서는 분명 여러분의 삶을 성공으로 이끄는 황금알이 되어줄 것이다.

1 자투리 시간은 보통 20분 이내의 짧은 시간을 말한다.

2 목표 의식이 있어야 틈새 시간을 적극 활용할 수 있다.

3 자투리 시간을 뭉텅이 시간으로 만들어 활용하라.

4 자투리 시간을 책 읽는 시간으로 적극 활용하라.

5 자투리 시간 활용 전략 6가지

1) 점심시간 활용 전략: 남들과 반대로 하라

2) 회의 시간을 활용하라

3) 출장 시간을 활용하라

4) 주변을 정리하라

5) 5분, 10분, 15분 자투리 시간 계획을 사전에 수립하라

6) 스마트폰은 멀리하라

5단계:
성공을 이끄는 시간 관리법

다중 작업은 효과적일까?

나는 다중 작업형인가?

기획팀 박준우 부장의 책상은 언제나 서류로 쌓여 있다. 한 번에 여러 가지 일을 동시에 처리하는 스타일이다 보니 책상 위에는 항상 여러 가지 서류들이 펼쳐져 있다. 박 부장은 한 가지 일을 하다 보면 갑자기 다른 일이 떠오른다고 한다. 그때마다 생각난 일을 처리하고 가야 직성이 풀렸다. 특이사항이 생기면 김민규 대리한테 전화를 걸어 진행 상태를 확인하고 업무 지시를 했다.

이렇듯 박 부장의 하루 일과는 너무나 바쁘다. 출근 후 인터넷을 볼 시간도 없이 점심시간까지 아껴가며 쉴 새 없이 일한다. 그것도 모자라서 매일 야근을 하며 마지막까지 사무실에 남아서 일을 하다가 불을 끄고 퇴근한다.

반면, 재무팀 이태현 과장의 책상 위에는 달랑 컴퓨터만 놓여 있다. 한 번에 한 가지 일만 집중해서 처리하는 스타일이다. 갑자기 업무 요청이 들어오면 지금 하고 있는 급한 일부터 먼저 끝내고 언제까지 업무 처리를 하겠다고 답한다. 요청하는 입장에서는 당장 처리해주면 좋겠지만, 그래도 약속한 시간은 칼같이 지키는 걸 알기에 믿고 일을 부탁할 수 있다.

일을 하다 갑자기 떠오르는 일도 바로 처리하기보다 일정표에 적어둔다. 한 가지 일을 끝내고 나서 자투리 시간에 일정표를 확인하며 긴급한 일을 처리한다. 이 과장은 상사가 어떤 서류를 요청하더라도 책상 위에 쌓인 서류 더미를 뒤지는 일 없이, 단번에 책상 서랍에 있는 서류철을 찾아 보여준다. 이 과장은 항상 지신감이 넘치고, 여유가 있다. 늦게까지 남아서 야근을 하는 경우는 드물지만, 마감 기한을 못 지키는 경우는 거의 없다.

위의 이야기는 직장인이라면 주위에서 쉽게 볼 수 있는 유형의 사례다. 항상 이일 저일 펼쳐놓고 일하는 박 부장 같은 스타일다중 작업형이 있는가 하면, 한 번에 한 가지 일에만 집중하는 이 과장 같은 스타일단일 작업형도 있다.

우리는 동시에 여러 가지 일을 하는 것이 효과적이라고 생각하는 경향이 있다. 일을 효과적·효율적으로 처리하기 위해 여러 가지 일을 한 번에 하는 것이 신속한 일처리라고 생각한다. 과연 다중 작업이 단일 작업보다 효과적일까?

이 장에서는 단일 작업 스타일인 빌 게이츠와 다중 작업 스타일인 일론 머스크의 사례를 비교해볼 것이다. 두 사례를 비교·분석해봄으로써 시간 관리의 핵심 비법을 깨달을 수 있을 것이다.

단일 작업(Single tasking) 전문가, 빌 게이츠

1979년 화창한 어느 날, 미국 뉴멕시코주 엘버키커 공항으로 가는 도로에 터보 엔진을 장착한 파란색 포르쉐 911이 나타났다. 이 차는 마치 자동차 경주에 나온 것처럼 굉음을 내며 빠른 속도로 도로 위를 질주했다. 운전석에는 빌 게이츠가 운전대를 잡고 액셀러레이터를 밟고 있었다. 빌은 뭐가 그리 급했기에 이렇게 과속을 한 것일까?

미국 뉴멕시코주 앨버커키에 위치한 마이크로소프트 사무실에서 선포트 공항까지는 7.5km, 차로 17분이 걸리는 거리다. 그날 빌의 비행기 이륙 시간은 10시. 빌은 9시 50분까지 사무실에서 프로그래밍 작업을 하다가 비행기 이륙 시간 10분 전에야 사무실에서 출발했다. 빌은 항상 그랬던 것처럼 공항까지 미친 듯이 과속을 하였다. 다행히 아슬아슬하게 비행기에 올라탈 수는 있었다.

미국에서도 2001년 9월 11일 테러 사건이 일어나기 전까지 비행기 탑승은 국내선의 경우 비행기 시간 1시간~1시간 반 전에 공항에 도착하는 것이 일반적이었다. 하지만 마이크로소프트 초창기 시절, 일분일초가 부족했던 빌에게는 공항에서 비행기를 기다릴 여유가 없었다. 비행기를 놓칠 위험을 무릅쓰고도 최대한 늦게까지 시간을 활용하고자 했다.

빌은 개인용 비행기를 사기 전까지 일반 상업용 비행기를 이용했다. 개인용 비행기가 생긴 이후에도 종종 상업용 비행기를 이용했다. 그는 무조건 퍼스트클래스를 고집하기보다 이코노미석을 탑승하기도 했다. 돈이 많음에도 불구하고 불필요한 곳에 사용하는 돈은 낭비라고 생각했다.

또한 빌은 아래 이야기처럼 돈을 아끼는 만큼이나 시간을 아꼈다.

우리에게 주어진 가장 중요한 자원은 시간이고, 이를 어떻게 사용하는지가 여러분의 인생에서 중요합니다. 저는 새로운 해가 시작할 때마다 지난해의 일들을 엄격하게 돌아봅니다. 심지어 저의 친구인 스티브 발머를 불러 제 스케줄을 보고 평가해달라고 합니다. 그러면 그는 더 많은 시간을 여기저기에 쓰는 것이 과연 필요했는지 저에게 물어봅니다. 이

것은 매우 유용합니다. 왜냐하면 더 많은 시간을 엔지니어나 고객과 보내는 것이 제게는 더 행복한 일이기 때문입니다. 이는 제 마음을 정화시키고, 내가 중요한 일을 하고 있다는 확신을 들게 해주기 때문입니다.

빌이 이렇게 스릴 있게 시간 관리를 하는 이유는 하버드 시절에 생긴 습관 때문이다. 어렸을 때부터 수학에 남다른 재능을 보인 빌은 SAT 수학 시험에서 800점 만점을 받았다. 그가 다닌 레이크사이드 스쿨의 교장은 빌의 뛰어난 컴퓨터 프로그래밍 능력과 수학적 재능을 높이 샀고, 그에게 대학 추천서를 써주었다.

빌은 아이비리그 대학 중 하버드, 프린스턴, 예일대에 장학생으로 선발되었다. 그리고 자신을 이어 변호사가 되기를 원했던 아버지의 희망에 따라 1973년 빌은 최고의 법대가 있는 하버드에 입학했다.

하버드에 들어간 빌은 벼락치기 공부를 즐겼다. 그의 저서인《미래로 가는 길》에 따르면, 당시 하버드에서 똑똑한 사람으로 취급받기 위해서는 평소 여유만만하게 지내야 한다는 것이 그 이유였다. 그래서 빌은 평소에는 컴퓨터와 포커에 많은 시간을 보냈고, 시험에 닥쳐서야 공부하는 습관이 생겼다. 최소한의 투입으로 최대의 성과를 내는, 이른바 효율성을 추구하는 미국식 문화에 길들여진 것이다.

평소 수학을 좋아했던 빌은 법을 전공하기를 원한 부모의 바람과 달리 수학 과목을 주로 수강했다. 심지어 대학원 수업인 '경제학 2010'을 수강하기도 했다. 기말고사 성적만 가지고 한 학기 평가를 하겠다는 교수의 말에, 빌은 학기 내내 수업 한 번 들어가지 않고 컴퓨터에 빠져 지냈다. 그러다 시험 일주일을 남겨두고 경제학 책을 펼쳤다. 그의 기숙사 룸메이트인 스티브 발머와 함께 책과 씨름한 결과, 둘 다 당당하게 A학점을 받았다.

이렇게 빌과 같이 평소에는 여유롭게 다른 일을 하다가 마감 기한이 닥쳐서야 비로소 일을 시작하는 행동을 엘리 골드렛 박사는 '학생 증후군Student Syndrome'이라고 이름 붙였다.

학생들은 선생님이 숙제를 내주면 기간이 짧다고 불평한다. 이 핑계 저 핑계를 대며 과제할 수 있는 시간을 최대한 연장해달라고 한다. 그러면 선생님이 마지못해 마감 기한을 일주일 연장해준다. 하지만 집에 가자마자 바로 과제를 하는 학생은 아무도 없다. 대부분의 학생들은 연장해준 일주일 내내 다른 일들을 하다가 과제 제출 기한 하루 이틀 전에야 비로소 과제를 시작한다.

시험공부도 마찬가지다. 평소에 예습, 복습을 철저히 하면 학습 효과가 오래 지속되어 좋은 성적을 받을 수 있다는 사실을 학생들도 잘 알고 있다. 하지만 대부분의 학생들은 시험 전날이 돼야 벼락치기 공부를 한다.

이러한 현상은 직장에서도 비슷하게 나타난다. 상사가 신제품 출품 검토를 위해 시장 현황에 대한 분석을 지시했다고 하자. 일주일이라는 기간을 주었지만, 대부분의 직장인은 지시를 받고 바로 업무에 착수하지 않는다. 다른 급한 일들을 처리하다가 비로소 마감 기한이 다 되어서야 보고서를 작성하기 시작한다. 10시간 정도가 필요하지만 2~3시간에 끝내려고 한다. 그러다 보니 보고서의 내용도 충분하지 못하고 마감 기한도 잘 지키지 못한다.

혹은 일주일 전에 내린 지시니까 상사가 기억하지 못할 것이라고 생각하며 슬쩍 마감 기한을 넘기려고도 한다. 하지만 상사는 귀신같이 마감 기한이 되면 찾아와서 보고서는 어떻게 되어가고 있는지 물어본다.

이는 돈을 빌려준 사람이 돈을 받고자 하는 심리와도 같다. 돈을 빌려준 사람은 돈을 빌려준 것을 분명히 기억하지만, 돈을 빌려간 사람은 돈을 빌려준 사람이 시간이 지나서 돈 빌려준 것을 잊어버렸을 거라고 생각한다. 돈 빌려준 사람은 알면서도 말하지 못하는 것뿐인데 말이다.

이렇게 마감 시간에 닥쳐서 일을 할 때 발생하는 가장 큰 문제가 다중 작업멀티태스킹, Multi-tasking이다. 몸은 하나인데 해야 할 일은 여러 가지다. 이것저것 해야 하다 보니 시간을 배분하여 작업을 진행하거나 동시에 두 개 이상의 일을 해야 한다.

예를 들면, 보고서를 작성하면서 동시에 내일 있을 회의를 준비한다거나, 전화를 받으면서 메일을 보냄과 동시에 스마트폰을 확인하는 등 한 번에 여러 가지 작업을 동시에 해야 한다. 이때 발생하는 문제점이 집중력 저하와 작업 지연이다.

다양한 활동을 하면서 우리는 뇌가 모든 것을 기억할 것이라고 생각하지만 현실은 그렇지 못하다. 우리 뇌는 하나다. 여러 개가 아니기 때문에 한 번에 하나의 활동만 처리할 수 있다. 하지만 우리는 뇌가 여러 가지 일을 동시에 다 처리할 수 있을 것이라고 착각한다.

집중력 저하를 비롯하여 다중 작업의 가장 큰 문제는 작업 지연이다. 흔히 사람들은 다중 작업을 하면 짧은 시간 내에 여러 가지 일을 해낼 수 있을 거라고 생각한다. 그래서 단일 작업보다 다중 작업을 선호한다. 시간 관리 측면에서도 훨씬 효율적이라고 생각한다. 심지어 여러 가지 일을 동시에 하다 보면 자신이 열심히 일하고 있다는 생각마저 든다. 문제는, 그럼에도 마감 기한이 잘 지켜지지 않는다는 것이다.

예를 들어, 당신이 빌 게이츠처럼 컴퓨터 프로그래머라고 생각해보자. 지금은 회사 설립 초창기이다 보니 여러 회사와 프로젝트를 해야 한다. 현재 A, B, C사와 프로젝트를 진행하고 있다. 각 프로젝트별로 마감 기한이 20일씩 주어졌다. 이를 단일 작업과 다중 작업을 하는 경우로 나누어 소요 시간을 비교해보자.

먼저, 단일 작업으로 진행하는 경우를 살펴보자. 프로젝트 A를 완수하는 데 소요되는 시간은 20일이다. 이렇게 프로젝트 A, B, C가 순차적으로 끝나려면 총 60일이 소요된다.

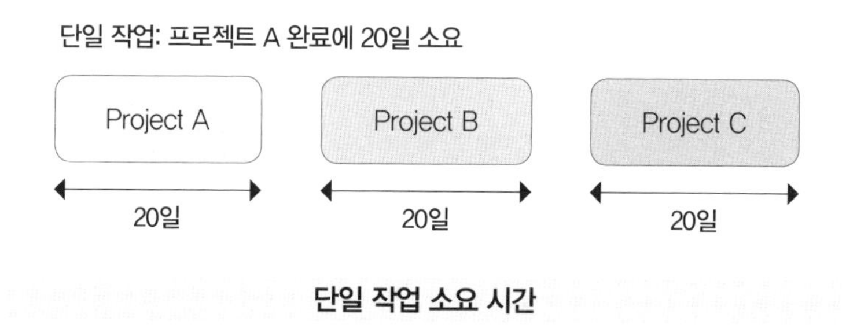

단일 작업 소요 시간

이번에는 시간에 쫓겨서 다중 작업으로 진행했을 경우를 살펴보자. 프로젝트를 쪼개서 프로젝트 A를 10일간 하고 프로젝트 B를 10일간 하고 프로젝트 C를 10일간 하고 나서, 다시 프로젝트 A를 10일간 하여 완료하였다고 하자. 이렇게 되면 프로젝트 A를 완료하는 데 소요된 시간은 40일이 된다. 단일 작업할 때보다 두 배의 시간이 소요되는 것이다.

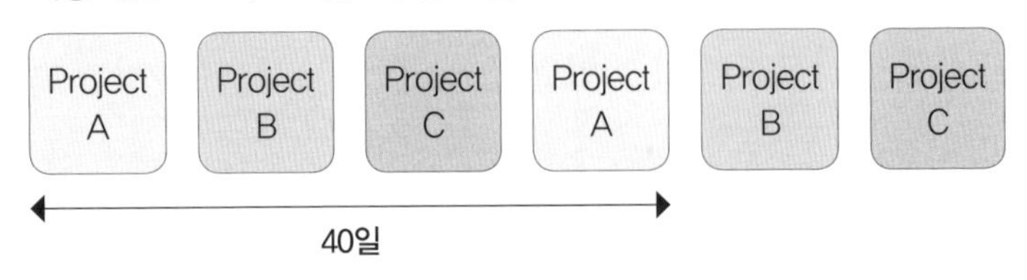

다중 작업 소요 시간

다중 작업은 부분적인 측면에서는 시간 효율성을 높여서 일하는 것처럼 보인다. 일하는 자신도 굉장히 열심히 효율적으로 일을 하는 것처럼 느낀다. 하지만 프로젝트 완료에 소요되는 시간 측면에서 보면 다중 작업은 시간을 훔쳐가는 암적인 존재이자 프로젝트를 지연시키는 주범이다.

다중 작업 방식으로 프로젝트를 진행할 때도 '학생 증후군' 문제가 나타난다. 마감 기한이 길고 짧음과 상관없이 모든 작업은 마감 기한이 닥쳐야 착수한다는 사실에는 변함이 없다. 그러다 보니 프로젝트는 주어진 시간 내에 마치지 못하고 지연되기 일쑤다.

프로젝트를 여러 개로 분할하여 작업할수록 초기 작업의 지연은 그다음 이어지는 프로젝트에도 영향을 미친다. 처음에 하루 이틀 시간이 지연됐다면 뒤로 갈수록 그 지연 일수는 누적이 되어 점점 불어난다.

산꼭대기에서 눈을 뭉쳐서 굴리면 아래로 내려갈수록 점점 그

눈덩이가 불어나는 것과 같은 원리다. 그러다 보면 가장 늦게 시작하는 프로젝트는 시작 자체가 지연된 상태에서 시작하기 때문에 주어진 시간 내에 프로젝트를 끝내지 못하는 상황이 발생하는 것이다.

반대로, 프로젝트가 빨리 끝나는 경우도 있다. 이런 경우 프로젝트가 끝나자마자 다음 프로젝트에 바로 착수해야 한다. 하지만 흥미롭게도 프로젝트가 조기에 완료되더라도 대부분의 사람들은 주어진 시간을 다 사용하려고 한다. 결과적으로 마감일이 되어서야 완료 보고를 한다.

영국의 역사학자 시릴 노스콧 파킨슨Cyrill Northcote Parkinson이 1955년 〈이코노미스트〉에 한 편의 에세이를 기고했다. 그 내용을 한 줄로 요약하면 "업무란 정해진 마감 시간까지 늘어지게 마련이다Work expands so as to fill the time available for its completion"였다.

그는 영국 해군에 근무하던 시절에 흥미로운 사실을 하나 발견했다. 20세기 초 대영제국 체제가 몰락하면서 1935년에서 1954년 사이에 공무원의 업무량은 감소했으나, 공무원 수는 327명에서 1,611명으로 약 400%가 증가한 것이다.

업무량이 줄었음에도 불구하고 인원이 늘어나는 것은 문서 작업이 많은 관료조직의 특징이라고도 볼 수 있다. 상사는 자신의 존

속을 위해 더 많은 인원을 채용했고, 부하가 늘어나면서 자신이 할 수 있는 일도 부하 직원에게 지시를 내리면서 일을 만들어내고 지연시킨 것이다. 결국 이 연구가 말하고자 하는 결론은, 사람들은 일을 할 때 자기에게 주어진 시간을 다 채운다는 것이다. 이를 '파킨슨의 법칙'이라고 부른다.

이러한 시간의 성격은 돈예산과 비슷하다. 조직에 1억 원의 예산이 주어졌다고 하자. 연말이 되어서 이 예산을 다 쓰지 못했다면 어떻게 할까? 당연히 어떻게든 남은 예산을 집행하려고 할 것이다. 이는 공공이든 민간이든 상관없다. 주어진 예산을 다 써야지만 일을 제대로 한 것처럼 보이고, 예산을 남기게 되면 내년 예산이 깎이게 된다. 이렇게 되면 내년에 사업을 지속하는 데 문제가 생길 수도 있다.

시간 관리를 하는 데 있어서 빌 게이츠처럼 마감 시간이 다 되어서야 하는 벼락치기 방식은 다중 작업을 야기한다. 이는 일의 지연을 가져오고, 시간이 지날수록 그만큼 지연되는 일수가 늘어나게 된다. 반면, 일이 빨리 끝났음에도 불구하고 정해진 시간을 다 쓰려는 사람의 특성 때문에 일은 조기에 끝나지도 않는다. 결국 시간 관리에서 가장 중요한 포인트는 사전에 자신의 마감 기한을 정해서 작업을 완료하는 것이다.

하버드에서 기숙사를 담당하며 오랜 기간 학생들을 관찰해온 사람의 이야기를 들어보면 성적이 좋은 학생들의 비법은 의외로 단순했다. 과제나 시험공부를 마감 기한 10일 전에 끝내는 것이다. 주어진 마감 기한 이전에 자신만의 마감 기한을 설정하고 그 시간에 맞춰서 움직이는 것이다. 그리고 남은 시간은 여유롭게 다른 활동에 집중한다. 이렇게 하면 앞서 살펴본 다중 작업의 문제도 발생하지 않을뿐더러 시간에 쫓기는 일 없이 자기만의 시간 관리가 가능해진다.

빌 게이츠도 마이크로소프트를 차리고 사업을 시작하면서 벼락치기 업무 방식의 문제점을 느꼈다. 특히나 시간을 중시하고, 상대와의 납기일을 지키는 것을 통해 신뢰가 쌓이는 비즈니스 세계에서는 시간 준수가 더더욱 중요하다. 사업 초창기에 일본 업체들과 거래하면서 빌은 시간의 중요성을 새롭게 배우게 된다.

일본인들에게 시간 관리의 의미는 한마디로 정확성이다. 일본에서는 약속 시간에 조금이라도 늦을 것 같으면 상대방에게 먼저 연락하는 게 기본 에티켓이다. 만약 전철이 지연되어 회사에 5분 정도 지각할 것 같으면 역에서 전차 지연증명서를 발급받기도 한다. 일반적인 비즈니스 미팅의 경우 약속 장소에 5분에서 10분 정도 일찍 도착해 주위에서 기다리다가 약속 시간에 맞춰서 나타나는 게 예의다.

일본 본토를 연결하는 도카이도 신칸센은 시간 지연이 거의 없는 것으로 유명하다. 2016년 통계자료에 따르면, 연간 전체 운행 열차수 13만 편을 연간 누적 지연 시간으로 나눈 결과 평균 지연 시간은 겨우 24초였다. 이것도 2015년 평균 지연 시간 12초보다 늘어난 시간이라고 하니, 감히 시간의 정확성은 일본을 따라가기가 어렵다는 것을 알 수 있다.

반면 빌 게이츠가 자란 미국에서 시간 관리는 곧 효율성과 직결된다. 평소에 놀다가 시험 기간에 벼락치기를 해서 좋은 성적을 받은 빌의 사례처럼, 최소 시간 투입으로 최대 결과물을 만들어내는 것이 미국에서는 미덕이다.

그렇다면 비즈니스 세계에서 미국의 방식인 효율성과 일본의 방식인 정확성을 비교했을 때 둘 중 어느 것이 더 중요할까? 빌은 일본인과 사업을 하면서 정확성의 중요성을 깨닫고, 효율성을 추구하는 방식이 기업 경영에 좋지 않을 수 있다는 것을 확인했다.

효율성을 추구하다 보면 벼락치기를 해야 하고, 벼락치기는 일을 지연시킨다. 그렇게 일이 지연되면 일본 업체들은 일을 도와준다는 명목으로 마이크로소프트사의 사무실로 직원들을 보낸다. 그들은 거기서 직원들을 관찰하며 왜 작업이 지연되는지를 알고 싶어 했다. 일본 사람들은 하루 종일 사무실에서 미국인들이 일하는 것을 지켜본다. 그러면 직원들이 부담스러워서라도 일을 더욱 열심히 하게 된다. 이렇게 정확성을 추구하는 일본인들의 시간 관리 방법을 배우면서 빌은 마이크로소프트를 세계 최고의 회사로 변화시켰다.

다중 작업(Multi-tasking) 전문가, 일론 머스크

2000년 어느 날, 일론 머스크는 실리콘밸리의 남쪽으로 뻗은 샌드힐로드Sand Hill Road 위를 달리고 있었다. 월스트리트가 미국 뉴욕 금융가의 상징이라면, 샌드힐로드는 벤처캐피털의 상징이다. 실리콘밸리의 멘로파크 길은 스탠퍼드대학의 동문東門과 실리콘밸리의 자본줄이 되는 벤처캐피털로 이어진다.

이날, 일론과 피터 틸 페이팔 공동 창업자은 일론의 자가용인 맥라렌을 타고 벤처캐피털로 가는 길이었다. 가는 내내 두 사람은 어떻게 하면 세콰이어 캐피털Sequoia Capital의 마이크 모리츠 회장으로부터 투자를 받을 수 있을지에 대해 토론했다.

그러다 갑자기 일론이 액셀러레이터를 있는 힘껏 밟았다. 브레이크 전자제어 시스템Traction Control System이 없는 맥라렌은 견인력 제어가 안 되어 굉음과 함께 바퀴가 헛돌기 시작했다. 차는 빙판

위를 미끄러지듯이 도로 밖으로 밀려나고 있었다. 일론은 순간 정신을 차리고 다른 차를 피하면서 회전하는 차를 제어하기 위해 안간힘을 썼다.

몇 초가 지났을까. '쿵' 하는 소리와 함께 일론의 차가 가드레일에 부딪혔다. 그러고는 차가 허공에서 몇 바퀴 회전하더니 '투퉁' 하는 소리와 함께 도로 위로 떨어졌다. 잠시 후 일론이 아무렇지도 않다는 듯이 웃으면서 차에서 나왔고, 피터 틸도 차를 빠져나왔다.

다행히 둘 다 큰 부상은 없었다. 물론 백만 달러짜리 차가 눈앞에서 엉망이 된 것을 보는 것은 결코 유쾌한 일은 아닐 것이다. 하지만 약속 시간이 얼마 남지 않았으므로 둘은 지나가는 차를 얻어 타고 세콰이어 캐피털로 향했다.

빌 게이츠 VS 일론 머스크

빌 게이츠가 21세기 세계 최고의 갑부라면 일론 머스크는 21세기 세계 최고의 혁신가다. 2002년 일론은 세계 최초로 민간 우주기업인 스페이스X를 설립했다. 우주 산업은 천문학적인 비용이 들기 때문에 정부만이 할 수 있다고 사람들은 생각했지만, 일론은 미국 나사NASA에서 개발하는 로켓 비용의 10% 수준으로 개발할 수 있다고 확신했다.

일론은 지금보다 훨씬 저렴한 가격으로 로켓을 만들어 사람들에게 우주여행의 기회를 제공하고 싶어 했다. 펠컨 로켓을 성공시키고 나자, 그다음으로 재사용이 가능한 로켓을 만들어보겠다고 호언장담했다. 또한 일론은 '테슬라' 브랜드로 전기차를 시장에 내놓으며 1925년 크라이슬러 이후 100년 만에 미국에서 성공한 신생자동차 기업이 되었다. 뿐만 아니라 솔라시티라는 태양광 비즈니스를 성공시키며 이 시대 혁신의 아이콘이 되었다.

흥미롭게도 빌과 일론은 비슷한 점이 많다. 둘 다 자동차를 좋아하고, 포르쉐 911을 보유하고 있으며, 스피드광으로도 유명하다. 빌은 누적된 과속 운전으로 유치장에 수감되어 재판까지 받았으나, 과속을 끊지 못했다.

일론도 빌 못지않게 속도를 즐겼다. 처음 창업한 Zip2를 매각한 돈으로 1990년대에 세상에서 가장 빠른 슈퍼카인 맥라렌 F1을 백만 달러를 주고 구입했다. 일론이 67번째로 맥라렌을 인수하는 모습이 CNN에 의해 미국 전역에 중계되기도 했다.

앞서 본 사례처럼 일론은 스릴을 즐기는 성향 때문에 눈앞에서 백만 달러짜리 슈퍼카가 날아가는 모습을 보고도 딱히 어쩌지 못했다.

다중 작업 전문가

한편 일론은 빌과 달리 동시에 3~4개 회사를 운영해야 성이 찬다. 한마디로 다중 작업 전문가다. 우선순위를 정해서 한 가지 일에 전념하기보다는 다양한 일을 동시 다발적으로 한다. 현재 CEO로 운영 중인 회사만 해도 네 개다.

우주발사체를 만드는 스페이스X, 전기차를 만드는 테슬라, 비영리 인공지능 연구 기업인 오픈 AI, 로스앤젤레스의 교통 체증을 해결하기 위한 인프라 및 하이퍼루프 회사인 보링컴퍼니가 그것이다. 여기에 테슬라의 자회사이자 태양광 패널을 판매 및 설치하는 솔라시티는 일론이 회장으로 재직 중인 곳이다. 이처럼 여러 회사를 운영하는 일론에게 멀티태스킹은 당연하고도 필수적이다.

일론은 요일별로 회사 네 곳에 출근하고 있다. 일론의 집은 로스앤젤레스 베벌리힐스에서 20분 정도 떨어진 벨에어 지역에 있다. 보통 월요일은 자동차로 24분 거리에 있는 스페이스X로 출근한다. 그리고 화요일은 캘리포니아 팔로알토에 위치한 테슬라로 출근하고, 이곳에서 수요일, 목요일을 근무한다. 시간이 되는 경우 반나절 정도는 차로 40분 거리인 비영리 인공지능 연구 기업인 오픈 AI에서 보낸다. 그리고 금요일에는 다시 스페이스X로 출근하고, 토요일에도 스페이스X에서 일하는 경우가 많다.

일론은 자신의 역량을 최대한 발휘하기 위해서 주로 두 개 회사를 요일별로 번갈아가면서 일한다. 물론 일론에게 시간은 늘 부족하다. 그래서 주당 80시간에서 100시간을 일하는 살인적인 스케줄을 소화해야 한다. 일요일만 빼고 주 6일을 일하는 그이기에 하루에 최소 15시간은 일한다는 걸 어렵지 않게 추정할 수 있다.

미국 디지털 뉴스 발행 서비스인 '쿼츠'의 추측에 따르면, 일론은 스페이스X에서 40시간 정도를, 테슬라에서 42시간 정도를 쓴다고 한다. 시간적인 측면에서 보았을 때 각각의 회사에서 일론은 하루 8시간씩 주 5일 근무하는 사람과 동일한 시간을 사용하며 일을 하고 있다.

일론은 야망도 있고 역량도 뛰어난 만큼 스페이스X와 테슬라를 모두 훌륭하게 경영하고 있다. 그러나 단일 작업과 달리 다중 작업은 일의 지연을 야기시킬 수밖에 없다. 테슬라의 최초 자동차인 로드스터의 경우 9개월이 지연되어 출시되었다. 그 후 출시된 모델 S의 경우 6개월, 모델 X의 경우 18개월, 모델 3은 예정보다 2년이나 지연되어 2019년 2월 말에 출시되었다. 물론 품질, 생산 등 신제품 출시에는 다양한 변수가 따르게 마련이다. 특히나 전기차의 경우 배터리 문제가 핵심 변수가 되기도 한다.

그럼에도 불구하고 만약 일론이 테슬라 한 곳에서만 근무했다면 어떻게 되었을까? 여전히 지속적인 출시 지연으로 계약자들이 이탈하는 현상이 일어났을까? 이에 대해서는 한번 생각해볼 문제다.

지금도 일론은 많은 시간을 투자해 다중 작업을 하고 있지만, 보다 효과적인 시간 관리를 위해서는 단일 작업으로 전환해야 할지도 모르겠다.

박완순 차장은 다중 작업으로 일이 지연되는 경험을 많이 했다. 의약품을 만드는 제약회사에서 생산 관리를 주로 담당하다 보니 일정 관리가 기본 업무였다.

먼저, 400여 개의 제품이 생산되는 일정을 관리하며 제품 생산에 필요한 원료, 재료 입고를 확인한다. 제품에 따라 다르지만 한 가지 제품을 만드는 데 대략 10가지의 원료, 8가지의 재료, 6가지의 공정을 거치고, 한 로트만 생산하는 것이 아니라 효율성을 높이기 위해 연속으로 10로트를 생산하기도 한다. 각각의 경우를 곱해보면 10×8×6×10=4,800이 나온다. 즉 4,800개의 문제가 발생하는 경우의 수가 생기는 것이다.

작업 중에 하나라도 잘못되면 다음 공정에 영향을 미치고, 급하게 작업을 진행하다 보면 또다시 문제나 작업 지연이 발생하게 된다. 지연은 또 다른 지연을 낳고, 또 다른 지연은 다시 지연을 낳는다.

월말에 다음 달 계획을 세우고 일정에 따라 생산을 진행하면 월초에 계획한 제품은 진행이 되겠지만, 중간에 사고라도 발생하면 작업 지연으로 인해 월말에 계획된 제품들은 다음 달로 넘어가게 된다. 만약 중간에 급한 주문이라도 끼어들면 또다시 일정이 지연될 수밖에 없다.

이렇게 끊임없이 발생하는 지연의 악순환 속에서 살아가던 어느 날, 박완순 차장은 문득 이 '악순환의 고리를 끊을 수 없을까'에 대해 고민했다. 그 결과 박완순 차장이 찾은 해결책은 이것저것 많이 하고 작업 효율을 높이기 위해 욕심내서 다중 작업을 하기보다 한 번에 하나씩 단일 작업을 하는 것이 최선임을 깨닫게 되었다.

한 번에 하나씩 일을 처리하기 위해서는 매일 아침 그날 할 일을 목록으로 만들어야 한다. 그리고 그 목록의 일들에 대해 하나씩 우선순위를 정하고 우선순위에 따라 하나씩 일을 처리해나가는 것이 좋다. 어떤 날은 2~3개의 일을 처리하고 하루가 끝나는 경우도 있겠지만 못다 한 일은 다음 날에 다시 목록에 반영하여 우선순위를 매기면 된다.

어떻게 보면 정말 지루한 작업이 될 수도 있지만, 어느 순간부터 해야 할 일들의 목록들이 없어지기 시작한다. 일을 처리하는 속도도 빨라지고 하나하나 일을 처리하면서 재미도 느끼기 시작한다. 지루하고 반복되는 삶 속에서 즐거움을 찾고 의미를 찾기 위해서도 그날 해야 할 일의 목록을 만들고 계획적으로 진행해나가는 것이 필요하다.

이 단순한 비법을 찾기 위해서 여러 가지 방법을 시험해보았다. 한번은 A제품을 일정보다 빠르게 생산에 착수한 적이 있다. 일이 지연되는 걸 방지하고 평소보다 여유롭게 생산하기 위해 생산 착수 시점을 일찍 두었다. 하지만 공교롭게도 A제품은 평소보다 더 늦게 생산이 완료되었다. 그 이유인즉슨, 작업자가 여유가 있다고 생각해서 급하지 않은 A제품을 일부 공정만 진행시키고, 중단 후 B제품 작업을 진행했다고 한다. 이후 C제품이 긴급 주문으로 들어와서 급하게 C제품을 작업하다 보니 결국 A제품은 기한을 맞추지 못하고 생산이 지연되었다.

박완순 차장은 기한 내 제품을 공급하지 못한 데 대해서 상사로부터 질책을 받았다. 이를 통해 깨달은 것은, 단일 작업을 하며 차근차근 하나씩 일을 끝내는 것이 가장 빠른 방법이라는 사실이었다. 별것 아닌 것 같지만 이를 실천하기는 쉽지 않다.

결국 성공의 비법은 여러 가지 일을 한꺼번에 하는 것도 아니고, 마감 기한에 닥쳐서 효율성을 최대한 끌어올려 일을 하는 것도 아니다. 오히려 일을 순차적으로 하나씩 끝내는 것이다.

빌 게이츠의 경우도 이러한 비법을 일본인과의 비즈니스를 통해서 깨닫고 발전시킴으로써 마이크로소프트를 소프트웨어 시장의 거인으로 성장시킬 수 있었다.

이 장을 정리해보면 마감 기한에 닥쳐서 일을 하는 것이 효율적인 시간 관리 방법이라고 생각할 수 있겠지만, 현실은 전혀 그렇지 못하다는 것을 알 수 있다. 막바지에 다다라서 일을 하는 '학생 증후군'은 다중 작업을 야기하고, 다중 작업은 결국 일을 지연시키게 만든다. 하나의 일이 지연되면 또 다른 지연을 낳고, 다음 또 그다음 일에 영향을 미쳐 시간이 지날수록 지연이 누적될 뿐이다.

이 문제의 해결책은 나만의 마감 시간을 만들어 주어진 시간 내에 순차적으로 일을 끝내는 것이다. 주어진 시간을 다 쓰려고 하는 '파킨슨의 법칙'을 극복하고, 자신의 시간에 맞추어 일을 해나간다면 여러분도 분명 시간의 정복자가 될 수 있을 것이다.

1 다중 작업보다는 단일 작업을 해라.
2 다중 작업은 일을 지연시킬 수 있다.
3 마감 기한이 다 되어서야 일을 시작하는 '학생 증후군'을 경계하라.
4 일할 때 주어진 시간을 다 채우는 '파킨슨의 법칙'을 극복하라.
5 나만의 마감 시간을 만들어 주어진 시간보다 빨리 일을 마쳐라.

완벽함보다 타이밍을 잡는 비법

완벽주의자의 일처리란?

국책연구소 성과확산팀에 근무하는 이규선 대리는 완벽주의자다. 항상 완벽하게 일을 처리해야 직성이 풀리는 성격이다. 보고서를 쓸 때도 오탈자 하나 허용하지 않고, 내용적인 측면에서도 완벽함을 추구한다. 보통 10페이지 보고서는 기본이고, 많을 때는 50페이지도 된다. 한 페이지 보고서를 강요하는 상사의 주장은 말도 안 된다고 생각한다.

이 대리는 자신이 완벽하다고 생각할 때까지 보고서를 수정하고 또 수정한다. 상사가 보고서를 보자고 해도 완벽하게 완성되기 전까지는 어림도 없다. 몇 번을 이야기하면 마지못해 보여주기는 하지만 상사가 볼 때는 보고서의 방향과 내용이 복잡하기만 하고 영탐탁지 않은 눈치다. 이 대리는 마감 기한을 지키는 것보다 내용의 충실함과 완벽함이 더욱 중요하다고 생각한다. 보고서는 자신의 얼굴이요, 자신의 분신이기 때문에 한 치의 실수도 허용되지 않는다.

반면, 행정팀에서 일하는 김성완 대리는 빠른 일처리로 소문이나 있다. 주위 동료들은 물론이거니와 팀장도 김 대리와 일하면 편하다고 한다. 김 대리의 업무 방식은 완벽하게 한 번에 일을 끝내기보다는 여러 차례 상대의 피드백을 받으면서 일을 완료한다. 특정 일에 대해 팀장의 지시를 받으면 바로 자신이 생각하는 초안을 만든다. 팀장에게도 망설임 없이 보여준다.

팀장 지시에는 분명히 의도가 있다고 생각하고, 팀장 마음속에 있는 내용을 알기 위해 노력한다. 비록 내용은 완벽하지 않지만 서너 차례 팀장에게 보고하고 피드백을 받는다. 피드백을 반영하여 신속하게 보고서를 수정한 뒤 팀장에게 보고하고 일을 마무리 짓는다. 이렇게 김 대리는 마감 기한보다 빠르게 팀장이 원하는 방향에 부합하는 보고서를 만들어낸다.

일을 하는 데 있어 마감 기한을 준수하고 내용이 충실한 것도 중요하지만, 두 가지 모두 만족시킬 수 없는 경우도 종종 발생한다. 둘 중 하나를 선택해야 하는데, 그런 경우 어떻게 대처하면 좋을지 빌과 일론의 사례를 통해 살펴보자.

윈도우 95와 린 스타트업을 통해 본 빌 게이츠의 시간 관리

1995년 8월 24일, 워싱턴 레드먼드에 위치한 마이크로소프트 캠퍼스 무대에 빌 게이츠가 섰다. 빌은 이날 왼쪽 가슴에 마이크로소프트가 새겨진 파란색 반팔 폴로 티셔츠를 입었다. 빌 옆에는 미국 유명 토크쇼 〈투나잇 쇼〉의 호스트인 제이 레노Jay Leno가 서 있었다. 레노는 하얀색 마우스를 잡고, 마우스에 연결된 줄을 만지며 생쥐mouse 꼬리라고 놀려댔다.

이날 빌은 당당하게 사람들 앞에 서서 윈도우 95를 소개하며 새로운 디지털 시대의 서막을 알렸다. 윈도우 95는 우리가 현재 사용하고 있는 윈도우 시스템과 매우 흡사하지만, 그 당시 컴퓨터는 검은 도스 화면에 문자를 입력하여 사용하던 것이 전부였다. 한마디로 일반인이 쉽게 접근할 수 없는 형태였다.

윈도우 95가 나오면서 컴퓨터에 대한 사람들의 인식이 바뀌기 시작했다. 사용자의 편의를 위해 최초로 적용된 시작 메뉴와 바탕화면이 등장했다. 덕분에 누구나 쉽게 마우스를 이용해 컴퓨터를 작동할 수 있었다. 창을 열고 닫고, 작게 하고 크게 할 수도 있었다. 이는 사용자 인터페이스 측면에서 보면 엄청나게 발전된 형태다.

윈도우 95는 발행 나흘 만에 100만 개 이상이 판매되었고, 개인용 PC 대중화의 마중물이 되었다.

하지만 윈도우 95는 안정적인 운영시스템은 아니었다. 사소한 오류에도 윈도우 95는 파란색 화면으로 바뀌면서 치명적인 오류가 발생했다는 화면을 띄우며 멈추었다. 사람들은 이를 '죽음의 블루스크린Blue Screen of Death'이라고 부르며 비아냥댔다.

물론 빌도 이러한 오류를 모르지 않았다. 최종 윈도우 95가 출시되기까지 총 11번의 베타 테스트를 진행하며, 그는 최대한 오류를 잡기 위해 노력했다.

이를 두고 비평가들은 빌이 시장 선점을 위해 완벽하지 않은 제품을 시장에 출시했다고 이야기했다. 좀 더 많은 테스트와 연구를 통해 안정적인 제품을 내놓아야 했다는 것이다.

하지만 빌의 생각은 달랐다. 빌은 신속한 피드백 체계를 구축하여 고객의 의견을 빨리 듣고 반영할 수 있어야 한다고 생각했다. 왜냐하면 마이크로소프트사는 날렵하고 빠르게 움직이는 회사이고, 고객들이 원하는 것을 최우선으로 생각하기 때문이다. 빌은 완벽함을 기하기 위해 노력하기보다는, 제품을 출시하고 소비자의 피드백을 받아서 빠르게 대처하는 게 더욱 중요하다고 생각했다.

1998년 4월 어느 날, 윈도우 98이 출시되기에 앞서 시연회가 열렸다. 이날 빌은 공식적인 자리인 만큼 정장을 입고 나왔다. 직원이 윈도우 98 시연을 위해 새로운 장치를 컴퓨터에 연결하는 순간 또다시 죽음의 블루스크린이 뜨며 청중들을 웃음의 도가니로 몰아넣었다. 그때 빌은 "이래서 우리가 윈도우 98을 아직 출시하지 않은 거예요That must be why we're not shipping Windows 98 yet"라고 말했다.

이 시연회는 CNN에 중계되었고, 지금까지도 빌 게이츠의 굴욕적인 사건으로 회자되고 있다.

그렇다면 빌은 이렇게 완벽하지도 않은 프로그램을 왜 자꾸 시장에 출시하는 것일까?

완벽함보다는 타이밍

빌은 완벽함보다 타이밍을 더 중요하게 생각한다. 우리가 학교에서 시험 칠 때를 생각해보자. 역사 과목에서 90점 이상을 받으려면 시험 범위를 두세 번쯤 정독해야 목표 달성이 가능하다.

하지만 100점을 받고자 한다면 상황은 달라진다. 시험 범위에 있는 내용들을 빠짐없이 암기해야 하고, 혹시 나올지 모르는 심화 수준의 문제에 대비해 추가적으로 깊이 있는 공부를 해야 한다. 2~3회 정독이 아니라 10회 이상의 정독이 필요하다. 즉 90점을 받기 위해 공부할 때보다 10%의 노력이 더해져서 100점이 되는 것이 아니라, 90점에 드는 노력에 3~4배는 더 투입해야 100점 받을 가능성이 높아지는 것이다. 이처럼 완벽함을 추구하면 시간이 훨씬 지체될 수밖에 없다.

완벽함의 문제점은 자기가 생각하는 범위 내에서만 완벽하다는 것이다. 따라서 완벽함은 주관적인 것이라고도 볼 수 있다. 자신의 사고 틀을 벗어나면 완벽함은 부족함으로 바뀌게 된다.

예를 들어, 회사에서 팀장에게 보고서 결재를 받는 경우를 상상해보자. 혼자서 밤새 보고서를 완벽하게 작성했다. 다음 날 팀장에게 가서 당당하게 보고하지만, 팀장은 여기저기를 지적하면서 내 보고서를 허점투성이로 만들어버린다. 속상하다. 나름 완벽하게 준비하기 위해서 많은 노력과 시간을 투입했지만, 상사가 원하는 방향이 아니라서 보고서를 다시 써야 한다. 완벽함을 추구해서 밤새 보고서를 작성했지만, 이제는 그보다 더 많은 시간을 투입해야 하는 상황이 되어버렸다.

꼭 완벽하게 혼자서 끙끙 앓으면서 보고서를 만들어야 했을까? 만약 중간중간 팀장의 피드백을 받으며 보고서를 작성했다면 최종 보고서가 마무리되었을 때는 한 번에 팀장의 결재를 받았을지도 모른다. 상사가 원하는 것이 무엇인지 알고, 거기에 맞춰 보고서를 작성했다면 말이다.

내용의 완벽함보다는 타이밍을 맞추려고 노력해야 한다. 완성도는 떨어지지만 타이밍을 맞추어 상사에게 보여주고 피드백을 받으며 고쳐나가면 좀 더 빠르게 일을 끝낼 수 있다. 왜냐하면 여러분이 생각하는 완벽함이란 합리적이고 이성적이지 않기 때문이다.

행동 경제학

이러한 사실은 최근에 경제학자들이 잘 보여주고 있다. 예전부터 경제학자들은 '인간은 합리적으로 의사 결정을 한다'고 생각했다. 하지만 그 합리성은 자신의 생각에서만 합리적이고 이성적이라고 착각하는 것뿐이다.

실제로 사람들은 인지적·사회적·감정적 편향에 사로잡혀 잘못된 의사 결정을 하고 그릇된 행동을 하는 경우가 생긴다. 이러한 인간의 행동에 심리학을 접목시켜 실제로 드러나는 인간의 행동을 분석하고 규명하는 연구를 '행동 경제학'이라고 한다.

과거에 경제학에서 비주류였던 분야가 최근 빛을 보게 되는 것도 우리의 사고가 편향으로 가득 차 있음을 보여주는 것이다. 2002년에는 행동 경제학 분야에서 《생각에 관한 생각》을 쓴 대니얼 카너먼이 노벨 경제학상을 수상했고, 2017년에는 다시 《넛지》의 저자인 리처드 탈러가 노벨 경제학상을 수상했다.

이렇게 우리는 스스로 완벽함을 추구하여 합리적이고 이성적으로 행동한다고 생각하지만 현실은 그렇지 않은 것이다. 이러한 사례는 기업에서도 많이 볼 수 있다.

과거에 기업들은 완벽한 제품을 비밀리에 만들고자 했다. 신제품을 시장에 출시하기까지 철저히 기업 내 비밀로 유지하며 많은 시간과 비용을 투자했다. 그 제품이 소비자가 원하는 것인지 아닌지는 상관없이 오로지 사장은 신제품이 대박 날 것이라는 환상에 사로잡혀 몰래 제품을 만들었다.

하지만 실제로 제품을 출시하고 나면 사장의 생각대로 사업이 운영되지 않는다. 이미 시장에는 비슷한 제품과 다양한 가격대의 제품이 존재하기 때문이다. 그제야 비로소 사장은 자신이 환상에 사로잡혀 있었다는 사실을 깨닫는다. 하지만 투자한 돈이 아까워 신사업을 포기하지 못하고 더 많은 돈을 투자하게 된다. 이러한 악순환은 결국 기업을 망하는 길로 이끈다.

이렇게 신사업을 몇 번 하다 보면 그동안 벌어들인 돈을 까먹기 십상이다. 《린 스타트업Running Lean》의 저자 애시 모리아는 "남들이 원치 않는 것을 만들기에는 인생이 너무 짧다Life is too short to build something nobody wants"라고 말했다.

그렇다면 큰 기업들도 픽픽 쓰러지는 판국에 작은 신생 기업의 스타트업은 어떨까?

린 스타트업

하버드 비즈니스 스쿨의 연구 자료에 따르면, 신사업을 하는 스타트업의 실패율은 75%라고 한다. 하지만 최근에 린 스타트업Lean Startup이라는 새로운 방식이 도입되면서 실패율이 줄어들었다.

린 스타트업은 비즈니스 모델에 대해 가설을 세우고, 고객에게 피드백을 받아가면서 가설을 검증한다. 그러고 나서 최소한의 기능만 가진 제품Minimum Valuable Products, MVP을 만들어 테스트하고, 그 결과를 바탕으로 계획을 수정pivot할지를 결정한다. 그리고 시장에 적합한 고객이 원하는 제품Product Market Fit, PMF을 찾게 된다.

앞에서 살펴보았듯이, 전통적인 사업 진행 방식은 사업 계획을 세우고 아무도 모르게 비밀리에 신제품을 준비해서 시장에 내놓는 것이었다. 이에 반해 린 스타트업의 핵심은 최종 제품이 나오기까지 끊임없이 고객들과 대화하고, 이를 통해 진정으로 고객이 원하는 제품을 만들어내는 것이다. 린 스타트업에서 말하는 가장 큰 위험은 고객이 원하지 않는 제품을 만들어내는 것이다.

비즈니스 환경에서는 모든 일들이 계획대로 진행되지 않는다. 게다가 스타트업은 불확실성과 한정된 자원이라는 문제에 직면해 있다. 그래서 끊임없이 변하는 환경과 고객과의 대화를 통해 짧은 시간에 고객에게 검증을 받으며 비즈니스 모델을 수정해나가는 것이 중요하다. 완벽한 제품을 만들기보다는 최소한의 기능을 가진 제품을 가지고 현장으로 뛰어들어, 본인의 가설을 반복적으로 검증해나가며 완성도를 높여나가는 것이다.

기존 기업과 스타트업의 가장 큰 차이는 뭘까? 기존 기업은 비즈니스 모델을 실행하지만, 스타트업은 그것을 찾는 것이다. 이것이린 스타트업의 핵심이다. 왜냐하면 스타트업은 반복적이고 확장 가능한 비즈니스 모델을 찾기 위해 고안된 임시 조직이기 때문이다.

빌 게이츠가 마이크로소프트를 스타트업에서 대기업으로 이끌 수 있었던 것은 자기만의 편향에 사로잡혀 있기보다는 소비자의 소리를 귀 기울여 들으려고 했기 때문이다. 제품을 완벽하게 만들기보다는 우선 출시하고 소비자의 소리에 발 빠르게 대처함으로써 시간과 비용을 절감할 수 있었다.

완벽하지 않다는 사실에 불안해하기보다는 먼저 상대방이 원하는 것이 무엇인지를 알아야 한다. 시간 관리의 고수가 되기 위해서는 완벽함보다는 타이밍이 중요하다는 사실을 알아야 한다.

일론 머스크: 테슬라 모델 3 생산을 통해 본 타이밍의 중요성

2018년 4월 어느 날, 일론은 캘리포니아 프레몬트에 위치한 테슬라 공장을 둘러보다가 깊은 생각에 빠졌다. 테슬라를 처음 인수할 때만 해도 일론의 목표는 스포츠카를 만들어 판매하고, 그 수익으로 저렴한 차를 만들어 대중에게 공급하는 것이었다. 2008년 3억 원짜리 스포츠카인 로드스터를 출시하고 난 뒤, 2012년에는 1억 원대의 차량인 모델 S를, 2015년에는 모델 X를 시장에 연달아 내놓았다.

그러다 2017년부터 3천만 원대의 전기차인 모델 3을 시장에 공급하기 시작했다. 2017년 3분기에 222대 생산을 시작으로 생산량이 늘어나기 시작했다. 공장 자동화에 신경을 많이 쓴 탓에 공장만 안정화되면 생산량이 확 오를 것이라고 생각했는데, 2018년 1분기에는 7,000대 생산을 넘지 못했다.

일론은 자신이 만든 공장 자동화에 어떤 문제가 있는지를 처음 구축 과정부터 되돌아보며 점검했다. 모든 공정에 로봇을 배치하여 최적의 생산라인을 구축했다고 생각했지만, 자동화 시스템은 종종 예상치 못한 오류를 일으켰다. 심지어 공장 전체 시스템이 멈추기도 했다. 자신이 하나하나 설계한 공장 시스템이 무너져가는 모습을 보자, 모델 3 출시를 위해 노력한 지난 시간들이 주마등처럼 스쳐 지나갔다.

일론은 지난 1년 동안 모델 3을 예약하고 기다려주는 고객들에 대한 미안한 마음이 컸는데, 이제는 공급 지연으로 예약을 취소하는 고객이 늘자 불안감이 나날이 커졌다. 공장 자동화를 통해 완벽한 제품을 빠른 속도로 만들겠다는 자신의 믿음에도 의심이 생겨나기 시작했다. 항상 완벽을 추구했고, 이를 위해 많은 시간을 투자했다. 하지만 이번에는 완벽이 먹히지 않았다.

완전하지 못한 것에 대해 늘 불안했던 일론은 이제라도 완벽함을 버려야 할 시기가 왔다는 것을 깨달았다. 완벽한 제품을 고객에게 늦게 전달하는 것보다 시의 적절하게 고객에게 전달하는 것이 더 중요하다는 사실을 뒤늦게 알게 된 것이다.

완벽함을 추구하다 보면 일이 지연되기 일쑤다. 일론은 자신이 틀렸음을 깨닫고 모든 걸 내려놓기로 한다. 그는 공장 가동을 중단하고, 생산성을 높이기 위해 인력을 고용하는 등 새로운 방식을 도입하기로 결심한다. 완벽함도 중요하지만 타이밍은 더더욱 중요하다는 사실을 깨달았기 때문이다.

타이밍이냐, 완벽함이냐

일론은 완벽하게 자동화된 공장 시스템을 꿈꿨다. 안타깝게도 그의 꿈은 계획대로 실현되지 못했고, 실망한 고객들은 테슬라 모델 3 예약을 취소했다. 일론이 추구한 완벽함 때문에 고객들이 등을 돌리다니, 어불성설처럼 들린다. 하지만 언뜻 모순적 관계로 보이는 타이밍과 완벽함이야말로 일을 하는 데 있어 매우 중요한 요인이다.

물론 타이밍을 맞추려고 하면 내용이 불완전하고, 내용을 완벽하게 만들려고 하면 타이밍을 지킬 수 없다. 둘 다 준수하면 좋겠지만 그런 경우는 드물다.

직장에서 발생하는 업무 처리 과정을 살펴보자. 회사에서 업무는 대체로 상사의 지시로 시작하고 보고로 끝난다. 일은 지시와 보고가 반복되면서 진행된다. 누군가 업무 지시를 내렸기 때문에 일이 시작되는 것이고, 또 다른 누군가가 그 일을 받아 보고를 하고 승인을 받았기 때문에 그 일이 완료되는 것이다.

하지만 종종 문제가 발생한다. 일을 기한 내에 끝내지 못할 때다. 업무가 많아서 일이 지연될 것 같으면 사전에 상사에게 양해를 구하거나 보고를 통해 일의 우선순위를 조정하거나 기한을 미뤄야 한다. 문제는 그 일을 시작했음에도 불구하고 일이 지연되었다면, 일의 난이도가 높거나 완벽함을 추구했기 때문일 것이다.

난이도가 높은 일은 중간중간 진행 사항을 상사에게 보고하고, 일이 올바른 방향으로 가고 있는지 확인해야 한다. 상사는 이미 마음속에 특정 결과를 염두에 두고 직원에게 일을 시킨다. 결국 상사의 기대에 부응하는 결과물이 나올 때까지 계속 수정 및 보완 작업이 이루어질 수밖에 없다. 따라서 상사의 피드백을 받는 것이 가장 중요하다.

한편, 본인이 완벽함을 추구하기 때문에 보고서가 늦어지는 것이라면 결코 바람직하지 못하다. 보고받는 사람과 보고하는 사람의 생각에 온도 차가 있기 때문이다. 보고하는 사람 입장에서 완벽하다는 것은 본인 수준이나 생각에서의 완벽함이다. 이는 상사의 시각으로 보면 또 다를 수 있다.

직장인 김현주 씨는 항상 늦게까지 회사에 남아서 일하지만 상사로부터 인정은 받지 못한다. 매번 보고 기한을 넘기고, 보고서의 양은 많지만 내용이 복잡해서 혼나는 경우가 많다. 이에 반해 옆자리 동료인 이지준 씨는 상사로부터 지시받은 일은 많지만 오후 6시가 조금 넘으면 퇴근을 한다. 부득이한 일이 없는 한 늦게까지 남아서 일하지 않는다.

김현주 씨의 경우 일의 완벽함을 추구하는 인간형이고, 이지준 씨는 일의 완벽함보다는 타이밍을 중시하는 인간형이다. 이지준 씨와 김현주 씨의 성과 차이를 드러내는 중요한 요인은 중간보고를 하느냐, 하지 않느냐다.

김현주 씨는 완벽주의자이다 보니 본인이 기대하는 수준에 이르기 위해 혼자서 끙끙 앓아가며 보고서를 작성한다. 그러다 보니 상사의 생각과 정반대의 결과물이 나오기도 하고, 혼자 많은 고민을 하다 보니 일도 지연되기 일쑤다.

반면 이지준 씨는 항상 일이 진행되는 와중에 중간보고를 한다. 자신이 작성하는 보고서 방향이 맞는지, 상사는 어떤 생각을 갖고 있는지 중간중간 피드백을 받아가며 자신의 보고서를 수정해나간다. 중간보고를 통해 상사가 원하는 방향과 결과에 대해 미리 검증을 받았기 때문에 최종 보고서가 나와도 상사로부터 한 번에 결재를 받는다.

일을 진행함에 있어 완벽하게 한 번에 일을 끝내려는 욕심은 버려야 한다. 예를 들어, 다이빙을 처음 배우기 시작했다고 생각해보자. 조급한 마음에 처음부터 10m 다이빙대에 올라가 뛰는 것은 죽음을 자초하는 행위다. 10m를 뛰기 위해서는 용기만으로 되는 것이 아니라 높은 곳에서 뛰어내렸을 때 물의 충격을 받아내는 내구력과 육체적인 힘이 필요하다. 이를 위해 1, 3, 5, 7.5m 순차적인 높이로 코치와 연습하며 실력을 키워야 한다.

또한 운동선수에게는 1등과 같은 순위가 중요하겠지만, 직장인에게는 순위보다는 기한 내 일처리를 하는 것이 중요하다. 운동선수에게 전국체전은 일 년에 한 번이지만, 직장인에게는 하루하루가 전국체전이기 때문이다. 쏟아지는 모든 일에 완벽을 기하다 보면 일이 계속 지연되고, 다른 일에까지 영향을 미치게 되어 궁극적으로 감당할 수 없을 만큼 일이 쌓이게 된다. 이를 예방하기 위해서 완벽함을 추구하는 것보다 타이밍을 맞추는 지혜가 필요하다.

2016년부터 우리 사회에 '4차 산업혁명'이라는 새로운 바람이 불면서, 이런 흐름에 따라 대학에서도 4차 산업혁명 관련 강좌들이 개설되기 시작했다.

이번 혁명은 한두 개의 기술을 가지고 등장한 과거의 산업혁명과는 확연히 다르다. 4차 산업혁명은 블록체인, 사물인터넷IoT, AI, 3D 프린터, 빅데이터, 클라우드, 스마트 팩토리, 자율주행차, 가상·증강현실VRAR 등 10가지 이상 기술 대군을 이끌고 나타났다. 이 기술들은 하나만 깊이 있게 알기에도 너무나 버거운 주제다. 하지만 최근 들어 이를 다 안다는, 속칭 '4차 산업혁명 전문가'가 나타나기 시작했다.

4차 산업혁명 전문가란 어떤 사람을 일컫는 것일까? 10가지 이상의 기술을 다 습득하고 자유자재로 사용할 수 있는 사람일까? 만약 이들에게 10가지 기술을 제시하고 본인이 자신 있게 설명할 수 있는 기술을 선택해보라고 한다면, 설령 이 모든 기술을 다 알고 있다고 해도 그는 결코 진정한 전문가는 아닐 것이다.

진정한 전문가는 자신이 아는 것과 모르는 것을 정확히 구분해낼 줄 아는 사람이다. 내가 알고 있는 것을 아는 것보다 내가 모르는 것이 무엇인지를 정확하게 아는 것이 더 중요하다. 진정한 전문가란 자신이 무엇을 모르는지 명확하게 아는 것이다.

전문가와 마찬가지로 스타트업도 불확실성에서 살아남기 위해서는 자신이 알고 있는 것과 모르는 것을 정확하게 구분할 수 있어야 한다. 모르는 것에 대해서는 자신이 무엇을 모르는지 정확하게 알고, 자신이 알고 있는 것에 대해서는 검증을 하며 깨달음을 얻어야 한다.

시스템 1(절전 모드), 시스템 2(고성능 모드)

과거 해외 연수를 간 적이 있는데, 연수 기간 동안 송중교 학우와 친해져 많은 이야기를 나눌 수 있었다. 송중교 학우는 술을 무척 좋아했다. 그러다 보니 주로 밤에 활동하고 밤에 에너지를 소비했다. 낮에는 힘이 없다가도 밤만 되면 눈이 반짝반짝 빛나면서 술을 마시면 생기가 돌았다.

연수 기간 내내 송중교 학우는 매일 새벽 2~3시까지 술을 마시고, 다음 날 일행과 함께하는 일정을 무리 없이 소화해냈다. 이 모습을 보고 참 대단하다고 생각해, 그 비법이 뭐냐고 물어봤다. 송중교 학우는 "낮에는 절전 모드로 에너지를 절약하고 밤에 고성능 모드로 전환한다"고 대답했다.

이 이야기를 듣고 든 생각은, 우리 뇌는 평소에 주로 절전 모드로 운영되고 있다는 것이었다. 우리 뇌는 선천적으로 게으르다. 사용하지 않고 내버려두면 끝도 없이 게을러지려는 '최소 노력의 법칙Law of least effort'이 발동한다. 끊임없이 사고하기보다는 사고하지 않는 게 편하기 때문이다.

이러한 사람의 뇌 상태를 일컬어 프린스턴대학 경제학과 다니엘 카네만 교수는 '시스템 1', '시스템 2'라고 이름 붙였다.

시스템 1은 뇌가 힘들이지 않고 반사적으로 작동되는 것을 말하고, 시스템 2는 복잡한 계산을 할 때나 무언가에 집중할 때 작동되는 뇌의 활동을 말한다. 다니엘 카네만 교수가 말한 시스템 1은 우리 뇌가 절전 모드일 때와 같다. 시스템 1은 에너지 절약을 위해 뇌가 제 기능을 하지 않는 상태다. 어떤 질문에 대해서도 뇌의 작동 없이 반사적으로 답한다.

반면에 우리가 어려운 문제에 봉착하거나 외부로부터 자극이 생기면 우리 뇌는 고성능 모드로 전환된다. 즉 시스템 2가 된다. 고성능 모드인 시스템 2가 작동하기 위해서는 뇌가 사고思考할 수 있어야 한다. 하지만 이러한 뇌 작동을 막는 요인들이 있다. 그중에서 가장 큰 요인이 '휴리스틱 사고'다.

휴리스틱 사고

정찬욱 씨의 아내는 마트에 가면 꼭 '너구리' 라면만 산다. 어렸을 때부터 너구리를 즐겨 먹었다고 한다. 자기 가족들도, 주위 친구들도 너구리만 먹는다고 한다. 아무리 정찬욱 씨가 '신라면'을 추천해도 신라면은 사지 않는다. 많은 사람들이 너구리를 먹는 데는 이유가 있다며 오히려 남편에게 너구리를 먹어보라고 한다.

정찬욱 씨의 아내는 너구리가 라면 중에 최고이고, 우리나라에서 가장 많이 팔리는 라면으로 알고 있다. 실제로 신라면이 라면 매출 1위임에도 불구하고 말이다.

가용성 휴리스틱availability heuristic은 쉽게 떠오르는 기억으로 인해 실제 확률을 과장해서 판단하는 경향을 말한다. 정찬욱 씨의 아내처럼 자신이 가진 정보만 가지고 판단할 경우 이런 오류를 범하게 되는 것이다.

"세상에서 가장 위험한 교통수단은 무엇인가?"라고 물었을 때 많은 이들이 비행기라고 답할지도 모르겠다. 하지만 실제 통계에 따르면, 비행기 사고보다 자동차 사고가 훨씬 많이 일어난다고 한다. 이러한 문제는 우리가 아는 정보만을 가지고 판단하기 때문에 발생한다. 시스템 2를 가동해서 고성능 모드로 사고하기보다는 단순히 자신의 경험과 지식을 기반으로 잘못된 판단을 하게 되는 것이다.

피터의 법칙

이러한 잘못된 판단은 직장에서도 종종 일어난다. 직장에서 승진하는 사람들을 살펴보면 재미있는 사실을 발견할 수 있다.

직원의 승진을 결정하는 의사 결정자는 자신이 볼 수 있는 정보만을 가지고 승진 대상자를 선정한다. 그 사람이 관리자로서 잘할 것이라는 기대만으로 승진을 시키는 것이다. 하지만 다른 직원들이 보기에는 '그 사람이 어떻게 승진되었을까?'라는 의문을 갖는 경우도 의외로 많다.

1969년 미국의 로렌스 피터 교수는, "승진은 후보자의 승진 후 직책에 관련된 능력보다는 현재 직무 수행 능력에 기초하여 이루어진다"는 피터의 법칙Peter Principle을 발표했다.

결국 승진도 그 사람이 그 직무에 가면 잘할 것이라는 의사 결정자의 가설에 기반하여 실행되는 것이다. 이러한 가설은 "직원들이 자신의 무능력한 상태에 도달할 때까지 승진하게 된다"는 사실을 뒷받침한다.

어떤 사람이 임원으로 승진했다면, 그 사람은 무능한 상태로 임원이 된 것이나 다름없다. 무능한 사람은 자기보다 뛰어난 사람을 좋아하지 않는다. 자기 말만 잘 듣고 자기 말대로 실행하기를 원한다. 결국 조직은 점점 무능한 사람들로 채워지게 될 위험이 크다.

미라이 공업

일본에 '미라이 공업'이라는 회사가 있다. 1965년 창립된 이 회사는 건축에 쓰이는 전기용품, 수도용품, 가스용품의 제조 및 판매를 통해 사업을 영위해왔다. 2018년 매출액은 3,500억 원 수준이고, 직원 수는 1,100명 정도다. 인간 중심의 회사를 만들어보자는 야마다 회장의 유토피아 경영 방침에 의해 오늘날까지 회사가 운영되고 있다. 정년 70세에 1년에 140일 휴가를 주고, 5년마다 전 직원에게 해외여행을 보내주는 회사이기도 하다. 자녀 1명당 3년의 육아휴직을 사용할 수 있고, 자녀가 3명이면 실제로 9년의 육아휴직을 사용할 수 있다. 급여도 동종업계 평균 급여보다 10% 이상을 더 지급한다. 한마디로 직장인에게 파라다이스와 같은 회사다.

미라이 공업에서 과장을 뽑는 방식은 파격적이다. 과장 승진 후보자의 이름이 적힌 종이를 선풍기 앞에서 날린 뒤 가장 멀리 날아간 종이에 적힌 후보자를 과장으로 승진시킨다. 왜냐하면 과장의 업무는 누구나 쉽게 할 수 있는 자리라고 생각하기 때문이다.

공장장도 마찬가지다. 연필에 후보자의 이름을 적고 무작위로 연필을 뽑아 선택된 사람을 공장장으로 임명한다. 그럼에도 불구하고 1965년 창립된 이 회사는 망하지 않고 매년 성장하고 있다.

미라이 공업이 우리나라 회사에 주는 시사점은 많다. 우리나라 회사들은 유능한 사람을 승진시키려고 한다. 회사마다 조금씩 다르겠지만 업무 고과를 기반으로 하여 승진 시험, 영어 시험 같은 점수와 기타 사내에서 정치적인 능력에 기초하여 승진을 시킨다.

이렇게 다양한 기준을 토대로 많은 시간과 노력을 투자하여 승진시키는 것과, 미라이 공업에서 승진 후보자를 선풍기에 날려서 승진시키는 것의 결정적 차이는, 의사 결정자의 편향이 얼마나 반영되느냐다. 점쟁이도 아니고 승진해서 그 사람이 계속 일을 잘하리라는 보장은 어디에도 없다. 즉 직원의 역량과 실력이 회사의 성공을 반드시 보장하는 것은 아닐 수도 있다는 말이다.

기업의 성공은 실력인가, 우연인가

그렇다면 기업의 성공은 창업자의 실력과 경험에서 나오는 것일까, 아니면 우연에서 나오는 것일까?

예를 들어, 창업자의 실력으로 성공한 스타트업을 1,000개 정도 관찰했다고 하자. 이 관찰 결과를 토대로 한다면, 다른 스타트업도 창업자의 실력으로 성공할 것이라고 일반화시켜 과학적 사실이라고 말할 수도 있을 것이다.

하지만 만에 하나 우연으로 성공한 스타트업이 하나라도 나온다면? 그 과학적 사실은 틀린 것이 된다. 스타트업의 성공이 실력인지 우연인지를 증명하기 위해서는 성공한 기업을 1,000개 찾는 것보다 우연으로 성공한 스타트업 1개를 찾는 것이 더 빠르다.

우연으로 성공한 스타트업 가운데 우리가 잘 아는 일론 머스크의 페이팔도 있다. 페이팔은 일론 머스크가 창업한 '엑스닷컴'에서 성장했고, 스페이스X의 투자금도 '엑스닷컴'의 성공으로부터 나왔다. 참고로 '엑스닷컴'은 일론 머스크가 대학 시절 은행에서 인턴을 한 경험으로 만들어졌다. 그런데 이 인턴을 하게 된 계기가 마치 뜻밖의 우연으로부터 중대한 발견이나 성공을 이끌어준 것처럼 들린다.

캐나다 퀸스대학 재학 시절, 일론은 인턴 자리를 구하기 위해 노바스코샤 은행의 경영진으로 일하고 있던 피터 니콜슨에게 무작정 전화를 걸었다. 그리고 니콜슨은 일론의 열정을 높이 사 은행의 인턴으로 일하게 해주었다. 일론은 이때의 경험을 바탕으로 1999년 금융서비스를 제공하는 '엑스닷컴'을 창업했고, 이 회사는 2002년에 이베이에 매각되면서 일론을 성공의 반열에 올려놓았다.

만약 일론이 대학 시절 니콜슨에게 전화를 걸지 않았다면, 지금의 스페이스X, 테슬라, 솔라시티는 없었을 것이다. 한마디로 일론이 창업한 Zip2, 페이팔, 스페이스X, 테슬라, 솔라시티, 오픈 AI로 이어지는 일련의 과정은 모두 계획적으로 이루어진 게 아니라 우연을 가장한 세렌디피티serendipity, 운 좋은 발견로 만들어진 것이나 다름없다.

4차 산업혁명이 도래하면서 기술의 복잡성이 증대되고 변화의 속도도 빨라지고 있다. 기업 입장에서는 세렌디피티를 만날 수 있는 기회가 이전보다 높아졌다는 이야기도 된다.

특히 기술 변화의 속도는 신제품이 출시되는 주기를 보면 알 수 있다. 갤럭시 S 시리즈의 경우 2010년 6월 갤럭시 S 출시 이후 2011년 4월 갤럭시 S2, 2012년 5월 갤럭시 S3, 2013년 4월 갤럭시 S4, 2014년 3월 갤럭시 S5 등 매년 신제품을 하나씩 쏟아냈다. 달리 말하면 매년 새로운 제품이 출시됨과 동시에, 신제품에 대한 개발과 검증도 빠르게 해야 한다는 걸 의미한다.

삼성은 갤럭시 S10 5G를 2019년 4월 5일에 출시했다. 이어 4월 22일에 갤럭시 폴드를 출시하려고 했으나, 기술적인 결함으로 잠정 연기를 했다. 갤럭시 폴드의 경우 기존에 강화유리를 사용하는 커버글라스와 달리 폴리이미드 소재를 사용했다는 게 특징이다. 문제는 사용자가 보호 필름을 제거하면 커버글라스의 내구성이 취약해진다는 단점이 있었다.

삼성은 왜 이런 문제를 제품 출시를 코앞에 두고 알았을까? 아마도 삼성은 신제품에 이러한 신기술이 적용된다는 것을 경쟁 기업 모르게 하기 위해 최대한 보안을 유지하며 제품을 개발했을 것이다. 완벽한 제품을 만들어 시장을 깜짝 놀라게 하고 싶었겠지만, 현실은 그들 생각과 달리 냉혹했다. 왜냐하면 제조사가 원하는 니즈와 사용자의 니즈가 달랐기 때문이다.

소비자의 니즈를 빨리 깨닫기 위해서는 민첩하게 조직이 운영되어야 한다. 민첩한 조직 운영을 통해 소비자의 피드백을 받아내고, 이를 바탕으로 가설을 수정해가며 소비자 니즈에 맞는 제품을 만들어야 한다.

대기업의 경우 이미 고정적인 충성 고객이 있는 경우가 많다. 그래서 때에 따라선 적당히 제품을 만들어 제때 시장에 출시하는 게 중요한 경우도 있다. 하지만 스타트업의 경우는 다르다. 일정한 고객도 없고 새로운 시장을 찾아 하나하나 만들어가야 한다. 내년도 사업 계획 목표를 10%, 20% 매출 향상으로 세우는 대기업과는 환경 자체가 다르다. 스타트업의 경우에는 무작정 사업 계획을 세우기보다 시장에 부딪혀가며 깨달음을 얻는 것이 중요하다.

깨달음에 시기가 있듯이 모든 비즈니스에는 납기와 기한이 있다. 하지만 아무리 일처리가 빠른 사람이라도 보고서 작성 및 결재가 제대로 이루어지지 않으면 납기를 지키기 힘들다.

의약품을 생산하는 제약 산업에는 GMP Good Manufacturing Practice 라는 심사 기준이 있다. 한마디로 우수 의약품 제조 및 관리 기준이다. 의약품은 사람의 생명에 직접적인 영향을 미치기 때문에 의약품을 생산하는 모든 공정은 문서로 기록해야 한다. 그래서 GMP

관련 부서에 종사하는 직원들의 업무 대부분은 모든 행위를 문서로 남기는 것이다. 우스갯소리로 그들은 GMP를 'Good More Paper'라고도 부른다.

오죽하면 사람들이 페이퍼 워크paper work를 한다고 하겠는가. 실질적인 업무가 아니라 문서 작성을 위한 일을 하고, 결국 남는 것은 문서밖에 없다는 뜻 아니겠는가. 심지어 회의를 한 뒤에도 문서로 회의 기록을 남겨야 한다.

종종 기업에서는 잦은 회의가 일의 지연을 야기한다고 한다. 정작 내가 안 가도 되는 회의에 불려가서는 말 한마디 안 하고 한두 시간씩 까먹기 십상이다. 만약 내가 막내라도 되면 회의 자료까지 작성해야 하기 때문에 더욱 피곤한 일이 된다. 직장에서는 이렇게 비효율적인 회의가 많이 있고, 이것이 일의 지연을 야기하는 중요한 요인 중 하나가 된다.

효율적인 회의 방법

일론은 업무 생산성을 높이기 위해 회의를 최소화해야 한다고 주장한다. 그가 제시한 업무 생산성을 높이는 효율적인 회의 방법은 다음과 같다.

첫째, 많은 사람이 참석하는 회의를 지양하라. 대규모 회의는 기업을 망하게 하는 근원이 되고, 시간이 지날수록 기업을 병들게 한다. 가치 있는 회의가 아니라면 최대한 적은 수로 모여라.

둘째, 잦은 회의를 금하라. 일분일초를 다루는 긴급한 문제가 아니라면 회의는 자주 할 필요가 없다. 화급한 일이 해결되면 회의 빈도를 낮춰야 한다.

셋째, 참석할 필요가 없다고 느끼는 즉시 회의석상을 떠나라. 이는 무례한 것이 아니다. 정작 무례한 것은 누군가를 기다리게 하고 그들의 시간을 낭비하는 것이다.

넷째, 약어를 사용하지 마라. 이는 원활한 커뮤니케이션을 방해한다. 우리는 사람들이 테슬라에서만 사용하는 용어집을 암기하는 것을 원치 않는다.

다섯째, 의사소통은 최단 경로로 하라. 의사소통은 지휘 체계로 가는 것이 아니라 작업 완료에 필요한 최단 경로만 거치면 된다. 지휘 체계대로 하려는 관리자는 곧 다른 곳에서 일하게 될 것이다.

리처드 칼슨은 저서 《사소한 것에 목숨 걸지 마라》에서 행복해지기 위해서는 불완전함과 친숙해져야 한다고 이야기한다. 그렇다. 사소한 부분에 너무 힘을 빼다 보면 쓸데없이 시간이 많이 걸린다. 완벽함을 추구해야 한다는 불안감에 사로잡히지 말고 불완전함에 익숙해져야 한다. 우리의 결과물은 완벽함보다는 일을 빨리 끝내는 것이 더 중요하다. 중간중간 방향을 점검하면서 자신이 추구하는 완벽함을 조금씩 깨뜨려나갈 수 있어야 한다. 그러다 보면 마감납품 기한을 지키면서, 성공적인 직장인으로 인정받을 수 있을 것이다.

이 장을 정리해보면, 모든 일은 타이밍과 내용으로 구성된다. 타이밍과 내용 두 가지 모두 충족시켜 일을 끝낸다면 금상첨화겠지만, 둘 다 완벽하기는 쉽지 않다. 완벽을 추구할 것인가, 아니면 타이밍을 맞출 것인가에 대해 우리는 선택을 해야 한다.

빌 게이츠의 경우 대체로 일의 내용적인 완벽함보다는 타이밍을 선택했다. 완벽하지 않은 윈도우 95를 일단 시장에 출시하고, 그 문제점을 찾아 보완하는 방식으로 타이밍을 더 중요하게 생각했다.

비즈니스를 할 때 완벽함이라는 것은 자신의 기준에서나 완벽한 것이지, 고객의 눈으로 보면 얼마든지 달라질 수 있다. 현명한 빌은 일을 빠르게 진행하여 고객의 피드백을 받으며 사업을 발전시켜나가는 '린 스타트업' 방식을 선호했다. 고객의 피드백을 받아 일을 진행해나가면 성공 확률이 좀 더 높아진다.

일론의 경우도 테슬라 모델 3를 생산할 때 납기를 맞추기 못해 무척 애를 먹었다. 완벽함을 추구하는 그의 성향은 자동차 생산이 지연되는 상황을 낳았고, 사업을 재정적으로 위험한 상황에 처하게 만들었다. 이를 반면교사 삼는다면 앞으로 완벽함보다는 타이밍을 맞추는 쪽에 더 무게를 두고 기한 내에 일을 마무리할 수 있을 것이다.

누군가 말했다. "인간에게 가장 중요한 금은 황금이 아닌 지금 now이다"라고. 지금이라는 시간이 완벽함보다 훨씬 중요한 가치를 지니고 있음을 깨달아야 한다.

1 완벽함보다는 타이밍이다. 완벽함은 자신의 기준에서만 완벽할 뿐이다.
2 완벽함이 일의 지연을 야기한다.
3 중간중간 보고하고, 피드백을 받으며 일해라. 자신의 가설을 끊임없이 검증해나가는 것이 일을 빨리 마칠 수 있는 비법이다.
4 효율적인 회의 방법: 소규모 인원, 잦은 회의 금지, 불필요한 회의 참석 금지, 약어 사용 금지, 최단 경로로 의사소통하기

생각하고 또 생각하라

빌 게이츠의 생각 주간

1995년 5월, 빌은 시애틀에서 한 시간 반 떨어진 워싱턴주 후드 커낼Hood Canal에 위치한 그의 별장에 있었다. 빌의 책상 위에는 월드 와이드 웹World Wide Web에 관련된 박사 논문과 관련 자료들이 가득히 쌓여 있었다. 세계 물리학자들 간에 신속한 정보 교환을 위해 고안된 웹이 점점 대중화되고 있었다.

개인용 PC의 대중화 물결 속에서 성장한 빌은 이 움직임이 왠지 심상치 않다고 느꼈다. 사람들은 인터넷을 통해 서로 대화하고 교류하는 즐거움에 빠져들고 있었다. 이메일을 보내고 즉각 돌아오는 답장에 놀라워하며 점점 많은 사람들이 인터넷으로 빨려 들어가고 있었다. 마크 안드레센이 만든 인터넷 브라우저 넷스케이프가 시장을 70% 이상 점유하고 있었고, 빌은 왠지 모를 불안감에 휩싸여 깊은 사색에 빠졌다.

빌의 머릿속에 가장 먼저 떠오른 것은 '골드러시 사건'이었다. 이는 19세기 금이 발견되었다는 지역에 사람들이 금을 찾기 위해 대거 몰려든 사건이다. 1848년에 미국 캘리포니아 새크라멘토강 근처에서 금이 발견되었다는 소문이 미국 전역에 퍼졌다. 얼마 지나지 않아 사람들이 몰려들었고, 그 숫자는 1849년에 8만 명, 1953년에는 25만 명에 이르렀다.

그 후 시간이 지나 채굴량이 줄어들기 시작했다. 일의 효율성을 높이기 위해 사람의 일이 기계로 대체되었다. 사실상 그곳에서 금을 많이 캐내어 일확천금을 번 사람은 거의 없었다. 실제로 큰돈을 번 사람은 금광을 발견한 사람도, 금을 많이 캔 사람도 아닌 기반이 되는 장비를 공급한 사업가였다.

골드러시 사건을 떠올리며 빌은 인터넷이야말로 새로운 변화의 물결임을 감지했다. 이 변화는 마이크로소프트에는 위기였다. 다행히 빌은 위기는 위험과 기회가 공존한다는 사실을 잘 알고 있었다. 개인용 컴퓨터가 대중화되면서 IBM을 무너뜨렸던 빌이었기 때문이다. 작지만 빠르게 성장하는 넷스케이프를 보면서 과거 자신의 모습을 떠올렸을 것이다.

어쩌면 다윗과 골리앗의 싸움이 될 수 있다는 생각에 빌은 서둘러 컴퓨터를 켰다. 이메일을 실행시키고, 수신인에 마이크로소프트 임원들의 주소를 넣기 시작했다. 그리고 제목에 '인터넷 물결The Internet Tidal Wave'을 입력하고 글을 써나갔다.

> 지난 20년간 우리의 비전은 간결하게 정의할 수 있다. 우리는 컴퓨터 성능의 기하급수적인 향상이 소프트웨어를 더욱 가치 있게 만드는 것을 보았다. 우리의 비전은 최고의 소프트웨어를 공급하는 기업이 되는 것이다. 다음 20년은 컴퓨터 성능의 향상이 통신 네트워크의 기하급수적인 성장을 넘어설 것이다….

생각 주간(Think Week)

평소에 5분 단위로 시간 계획을 세우며 빡빡하게 일정을 관리하는 빌이지만, 그에게도 예외는 있다. 일 년에 두 번, 일주일씩 빌은 모든 것을 내려놓는다. 이 기간에는 외부와도 철저히 단절한다. 오로지 책을 읽거나 박사 논문, 중요한 보고서를 읽으며, 마이크로소프트의 미래에 대해 생각하는 시간을 갖는다. 빌은 이 기간을 '생각 주간Think Week'이라고 부르고, 1980년대부터 지금까지 실천해오고 있다.

평소에는 바쁘게 돌아가는 회사 업무 때문에 빌은 여러 가지 중요한 문제에 대해서 깊이 있게 생각할 여유가 없다. 빠르게 변화하는 기술 환경 속에서 자칫 일에만 집중하다 보면 중요한 변화를 감지하지 못할 수도 있다. IT 세계에서 자칫 이러한 변화에 뒤처지면 도태되기 십상이다.

〈포춘〉이 조사한 바에 따르면, 상위 500개 기업의 평균 수명은 1964년에는 61년이었지만, 2014년에는 18년에 지나지 않았다. 지속적인 기업의 생존을 위해서도 빠르게 변화하는 환경을 다양한 측면에서 바라보고 미래를 그려보는 것이 중요하다. 그런 점에서 깊은 사색을 통해 마이크로소프트의 미래를 제시하는 일이 바로 빌의 역할이었다.

빌의 생각 주간은 '준비→실시→결과물 정리 및 공유→실천' 순으로 진행된다. 빌은 생각 주간이 되기 두 달 전부터 준비를 한다. 그의 비서는 회사에서 중요 문서를 수집하여 우선순위를 매긴다. 빌은 이를 후드 커낼에 있는 자신의 별장에 가져가서 읽기 시작하고, 이로써 생각 주간이 시작된다.

이 기간 동안 하루 두 끼 식사를 제공하는 도우미 외에는 가족과 직장 동료, 그 누구도 이곳에 들어올 수 없다. 주중에는 100개 이상의 논문을 읽는다. 그는 논문을 읽으면서 자세하게 코멘트를 남긴다. 생각 주간 마지막 날에는 자신의 생각을 정리하고, 수백 명에게 메일을 보내며, 경영진을 위한 생각 주간 요약본을 쓴다. 일상으로 돌아온 후 빌은 회의를 열어 관련 내용에 대한 논의를 하고 실천 방안을 생각한다.

빌의 생각 주간은 쉬거나 휴식하는 시간이 아니다. 치열하게 미래를 대비하는 시간이다. 심지어 어떤 날은 18시간 동안 글을 읽는 경우도 있다. 빌이 이 기간을 얼마나 진지하게 생각하는지를 잘 보여준다.

빌의 생각 주간을 통해 우리가 배울 점이 몇 가지 있다.

첫째, 사전 준비를 철저히 하라는 것이다. 빌은 두 달 전부터 생각 주간을 준비한다. 생각해볼 문제와 봐야 할 자료들을 철저히 준비해야 하기 때문이다.

둘째, 치열하게 생각하라는 것이다. 미래를 준비하는 가장 바람직한 방법은 자신이 생각한 바대로 만들어가는 것이다. 치열하게 생각하고 치밀하게 만들어진 계획을 통해 원하는 미래를 향해 나아가야 한다. 미래는 단순히 시간이 흘러가는 것이 아니라 자신이 만들어가는 것임을 잊지 말아야 한다.

셋째, 결과물을 정리하고 공유하라는 것이다. 보통 책을 읽으면 읽고 느끼는 것으로 끝난다. 하지만 그 느낌과 기억은 그리 오래가지 못한다. 그렇기 때문에 빌은 책이나 논문을 읽을 때 여백에 꼭 메모를 하고, 다 읽고 나면 그 내용을 모아 정리한다. 이러한 작업은 단순히 책을 읽는 것보다 시간도 오래 걸리고 성가시다. 하지만 이 과정을 거치면 결과물이 생겨나고 사람들과 공유할 수 있다. 그리고 공유를 통해 다른 사람의 생각이 더해지면서 그 힘은 더욱더 커지게 된다.

마지막으로, 결과물은 꼭 실천해야 한다는 것이다. 앞의 사례에서 살펴보았듯이, 빌은 생각 주간을 통해 윈도우 95부터 인터넷 익스플로러를 무료로 배포하기 시작하면서 넷스케이프와의 전쟁을 결심했다. 결국 빌은 이 전쟁에서 승리하고, 넷스케이프는 역사 속으로 사라졌다. 만약 빌이 인터넷 시장을 인지하고 있는 것에 그쳤다면 지금의 마이크로소프트는 없었을 것이다.

속도보다는 방향

우리가 시간 관리를 하는 이유는 단순히 일정을 세워 삶을 빡빡하게 관리하기 위해서가 아니다. 목표를 세우고 이를 최단 시간에 달성하여 보다 풍부한 삶의 여유를 누리기 위해서다.

여유는 쉼을 위해서만 쓰는 것이 아니다. 더 나아가 자신의 역량 개발을 위해 써야 한다. 책도 보고 치열하게 사색도 하고, 이를 통해 자신의 미래를 만들어가는 것이다.

매일매일 시간 관리를 하면 예전보다 일처리는 확실히 빨라질 것이다. 눈앞에 일어나는 일들을 그때그때 처리하다 보니 마치 자기가 열심히 사는 것처럼 느껴지기도 한다.

하지만 자신이 올바른 방향으로 가고 있는지는 알 수 없다. 인생 곡선을 통해 끝을 예측하고 새로운 곡선을 만들어갈 수도 있어야 한다. 이를 위해선 자기가 원하는 방향으로 맞게 가고 있는지 중간중간 점검하는 것도 잊지 말아야 한다.

이번 기회에 우리도 빌 게이츠처럼 생각 주간을 실천해보면 어떨까? 물론 저마다 삶이 바쁘고, 일주일씩 휴가 낼 여유 역시 없을 수도 있다. 하지만 확실한 건, 우리 삶이 빌보다 덜 바쁠 거라는 건 분명하다.

우리 모두 시계 하나쯤은 가지고 있고, 언제든 시간을 확인할 수 있다. 여기서 중요한 것은 물리적인 시계가 아니라 시간이다. 우리는 시간을 제대로 갖지 못한다. 늘 바쁘지만 시간을 정복하지 못하고 시간의 노예로 살고 있다.

기술의 발달로 우리가 사용할 수 있는 시간은 예전보다 더욱 많아졌다. 그런데도 우리는 어째서 늘 시간이 부족하다고 느끼는 것일까?

매일 스마트폰을 손에 들고 다니며 끊임없이 카톡 메시지를 확인하고 혹시 놓친 메시지는 없는지 수시로 스마트폰을 들여다본다. 내 시간을 스마트폰이 빼앗아가고 있는지도 모르고 틈만 나면 스마트폰만 쳐다본다. 스마트폰의 노예이자 시간의 노예가 되어가는 것이다. 그러다 시간의 가치를 느낄 새도 없이 나이만 들어간다.

나이가 들수록 앞으로 사용할 수 있는 시간은 줄어들겠지만, 그 가치는 더 올라가야 한다. 그 가치가 빛을 발휘하기 위해서는 자신이 세운 가치관에 맞게 제대로 흘러가고 있는지 끊임없이 확인하고 또 확인해야 한다. 빠른 속도로 가는 것보다 정확한 목적지에 도착하는 것이 중요하기 때문이다.

우리도 생각 주간을 통해서 혼자만의 시간을 가져보자. 자신의 내면을 들여다보며 나 자신과 대화를 시도해보자. 스스로를 보다 깊이 이해할 수 있을 것이다. 자신이 원하는 미래의 모습을 그려보면서 하나씩 실천해나가면 그것이 곧 나만의 미래가 되는 것이다.

빌은 미래 지향적인 사람이다. 생각 주간에도 과거를 분석하기보다 미래를 예측했다. 빌은 마이크로소프트가 영원하지 않을 것이라는 사실을 잘 알고 있었다. 기업은 다양한 이유로 망하기도 하고, 갈수록 기업의 수명도 짧아지고 있다. 빌의 목표는 마이크로소프트가 좀 더 오랫동안 시장에서 살아남는 것이었다. 그래서 항상 미래에 대비하기 위해 노력했다.

빌이 이런 말을 했다.

"미래가 가장 중요하다. 그렇기 때문에 나는 지난날을 자주 돌아보지 않는다."

여러분도 자신이 원하는 미래를 그려보고, 그 미래의 모습에 다다를 수 있도록 매일매일 시간 관리를 하며 치열하게 살아야 한다. 그리고 중간중간 멈춰 서서 자신이 어디로 가고 있는지, 도착지를 향해 잘 가고 있는지 항상 점검해야 한다.

지나간 과거에 대해 후회하기보다는 다가올 미래를 꿈꾸자. 그 꿈을 달성하기 위해 시간 관리 기법을 도구로 활용한다면 우리의 미래는 더욱 밝아질 것이다.

일론 머스크의 사고를 지배하는 제1원리

2013년 3월 15일, 일론은 평소와 달리 옅은 갈색 계열의 체크 셔츠에 검정색 재킷을 걸치고 집을 나섰다. 이날은 일론이 TED에 출연해 크리스 앤더슨과 함께 일론이 지금까지 계획한 공상과학소설 같은 프로젝트에 대해서 이야기를 나누는 날이었다.

지난 며칠 동안 일론은 TED에서 무슨 이야기를 할지 고민했지만, 그냥 마음 편히 평소에 생각해온 소회를 나누기로 결정했다. 일론은 지금까지 자신의 삶을 돌아보면서 매번 새로운 프로젝트에 도전했던 순간을 떠올렸다.

1995년 스탠퍼드대학 박사과정을 이틀 만에 그만두고 나와 동생과 'Zip2'를 시작했던 때를 떠올렸다. 그리고 4년 뒤 1999년에 28세의 나이로 '엑스닷컴'을 창업해서 3년 뒤인 2002년에 이베이에 15억 달러에 매각했던 모습, 그리고 2년 뒤 31살의 나이로 우주항공 비즈니스를 하는 '스페이스X'를 설립하고, 다시 2년 뒤 2004년에 '테슬라 모터스'에 투자하고 이사회 의장으로 취임했던 기억, 그리고 2년 뒤 2006년에 태양광 비즈니스를 하는 '솔라시티'에 출자해 이사회 의장이 되고, 2013년에 시속 1,200km의 고속 이동 수단인 하이퍼루프를 실용화하겠다고 발표했던 때를 떠올렸다.

남들은 하나도 생각하기 힘든 사업을 일론은 여러 산업을 넘나들며 진행한 데다, 심지어 이 모든 사업을 성공시켰다. 이 모든 일들을 빠르게 행동으로 옮길 수 있었던 자신만의 비법을 떠올리며, 그 이야기를 사람들과 나누어야겠다고 생각했다.

20분 남짓 주어진 시간 동안 TED 강연장에서 이런저런 이야기를 나누다가 마지막 3분을 남기고 크리스는 사전에 준비한 스페이스X의 재활용이 가능한 우주발사체 영상을 청중에게 보여주었다.

기존의 우주발사체는 40만km 떨어진 달에 가기 위해 70km 상공까지 150초에 날아간 후 1단 분리하고, 200km 상공에서 2단 분리를 한 후 중력을 벗어난다. 그 후 긴 여정을 통해 목적지에 도착하면 로켓으로서 수명을 마무리한다. 이렇게 기존 우주발사체는 일회용으로만 사용되었는데, 이 영상에서는 우주발사체가 발사 후 허공에서 헬리콥터처럼 한참을 떠 있다가 착륙할 지점을 찾아 각도를 맞추고 무사히 지상에 착륙하는, 이른바 재사용이 가능하다는 것을 보여주자 사람들은 놀라움을 금치 못했다.

그때 크리스는 미리 준비한 질문을 하기에 좋은 타이밍이라고 생각하고, 일론에게 어떻게 세 개의 혁신 사업인 페이팔온라인 결제 서비스, 테슬라전기자동차, 스페이스X우주 항공를 운영할 생각을 했냐고 물었다. 게다가 세 개의 회사는 산업 자체가 완전히 다름에도 불구하고 어떻게 수십억 원의 회사로 성공시킬 수 있었는지 그 비결을 물었다.

이에 일론은 '물리학'이라고 망설임 없이 대답하며 말을 이어갔다. "생각에 도움을 주는 좋은 프레임이 바로 물리학입니다. 그중에서도 제1원리First Principles가 그렇습니다. 일반적으로 저는 가장 근본이 되는 사실을 핵심이라고 생각하고 거기서부터 논리적으로 추론을 합니다. 이 방법은 유추에 의한 방법과는 다릅니다. 우리는 보통 삶을 통해 유추해서 추론하곤 하는데, 이것은 다른 사람의 생각을 조금 변형한 것에 지나지 않습니다."

일론이 말한 제1원리란 무엇일까? 제1원리는 가장 기초적이고 근본적인 진리를 일컫는다. 이는 다른 가정이나 제안에서 유도될 수 있는 것이 아닌, 부정할 수 없는 진리다. 과학적 연구 방법은 대개 관찰을 통해 특정 결과를 추론하는 귀납적 사고를 한다. 그 과정에서 가설을 세우고 이를 검증하는 과정을 거친다. 이러한 논증 단계가 진리로 인정받기 위해서는 증명이 필요 없는 자명한 진리가 전제가 되어야 한다. 이를 제1원리라고 한다.

물리학은 사물을 쪼개고 쪼개어 가장 기초가 되는 원자 단계까지 분석을 한다. 이 방법이 물리학을 전공한 일론의 머릿속에 박혀 있는 것이다. 일론은 펜실베이니아 주립대학 와튼스쿨에서 경영학을 전공할 때도 물리학을 공부했고, 박사과정에서도 재료 물리학을 선택했다. 물론 이틀 만에 그만두기는 했지만.

어쨌든 일론이 물리학을 공부하면서 얻은 가장 큰 교훈은 기초가 되는 물질을 분석해야 한다는 것이었다. 그리고 물리학의 공부 방법론은 제1원리와도 일맥상통했다.

덕분에 일론은 새로운 사업을 시작할 때마다 제1원리를 적용해 본다. 그에게 기존의 관습과 방법이라는 말은 통하지 않는다. 모든 현상에 대해서 가장 기초가 되는 진리를 찾고, 거기서부터 다시 추론을 진행하면서 남다른 방식으로 사고를 한다. 이런 방식으로 생각을 거듭한 덕분에 일론은 로켓 사업의 성공을 확신할 수 있었다.

처음 스페이스X를 시작할 때 그가 자신에게 던진 첫 질문은 "로켓은 물리학적으로 무엇이고, 무엇으로 만들어지는가"였다. 흔히 로켓은 항공우주산업에 사용되는 높은 등급의 알루미늄 합금과 티타늄, 구리, 탄소섬유 등으로 구성된다. 그리고 이 재료의 비용은 로켓을 발사하는 비용의 2%도 안 된다.

일론은 다시 "그렇다면 왜 그렇게 로켓이 비싼 것일까"라고 스스로에게 질문을 던졌다. 결국 로켓 자체의 물질적인 재료가 비싼 것이 아니라, 이를 연구·개발하고 시험하고 발사대를 운용하는 데 많은 비용을 든다는 것을 알 수 있었다.

전기차를 시작할 때도 마찬가지다. 전기로 구동되는 전기차의 핵심인 배터리에 대해서 일론은 제1원리 방식으로 접근했다. "배터리를 구성하는 가장 기초가 되는 재료는 무엇인가? 코발트, 니켈, 알루미늄, 탄소, 강철 캔 정도가 될 것이다. 그렇다면 그것들의 가격은 얼마인가? 아마도 런던 금속거래소에서 구입했다면 각각의 재료는 큰 비용이 들지 않을 것이다. 기존 배터리가 킬로와트시당 600달러의 비용이 들었다면 재료비는 킬로와트시당 80달러 이하가 될 것이다." 그리고 일론은 확신할 수 있었다.

이 장을 정리해보면, 우리에게 생각이라는 게 얼마나 중요한지 다시금 깨닫게 된다. 빌은 평소 5분 단위로 시간 계획을 세우며 빡빡한 일정을 소화해내지만, 일 년에 두 번, 일주일씩은 모든 것을 내려놓고 특정 문제에 대해서 깊이 있게 생각하는 '생각 주간'을 갖는다. 문제에 대해서 보다 깊이 있고 치열하게 생각하며 해결책을 찾기 위해 노력한다.

일론의 경우는 따로 시간을 내어 생각하는 시간을 갖지는 않지만, 자신만의 생각하는 비법을 가지고 있다. 물리학적 사고를 추구하는 일론은 제1원리로 모든 문제에 접근한다. 가장 근본이 되는 것이 무엇인지 찾아가며, 모든 현상과 사물을 쪼개고 또 쪼갠다. 그리고 거기서부터 새롭게 생각의 나래를 펼쳐나간다.

우리도 일상에서 발생하는 문제를 표면적으로 접근하기보다는 '왜 그런 일이 생겼는지'에 대해 의문을 갖고, 최소 5번 이상 '왜, 왜, 왜, 왜, 왜'를 물어봐야 한다. 그러면 보다 근본적인 해결책에 접근할 수 있을 것이다.

만약 제1원리를 시간 관리에 적용한다면 "우리 모두에게는 매일 24시간이 주어진다"가 될 것이다. 하지만 이 시간을 얼마나 가치 있게 쓰느냐에 따라 우리 삶이 달라진다. 우리의 일상이 "오늘 하루 내 시간의 가치는 얼마인지"를 생각하는 하루가 되어야 한다.

1 특정 문제에 대해서 깊이 있게 사고할 수 있는 '생각 주간'을 가져보자.
2 과거보다는 미래 지향적으로 사고하자.
3 물리학적 사고를 추구하는 제1원리로 모든 문제에 접근해보자.

| 에필로그 |

직장인 신주영 주임은 시간 관리의 중요성을 깨닫고 시간 기록을 시작했다. 2주일이 지나서 그동안 쌓인 데이터를 분석해보니 실제로 독서를 하거나 공부하는 시간은 일주일에 한 시간도 채 안 되었다.

아침에는 출근하기 바빴고, 낮에는 회사에서 격무에 시달렸다. 평일에 주 2회 정도는 회식에도 참석해야 했다. 회식이 없는 날에는 퇴근 후 집에 와서 쉬거나 TV 보기에 바빴다. 애들도 같이 늦게까지 TV를 보다가 잠자리에 드는 게 일상이었다.

그러던 어느 날, 신 주임이 출근길에 곰곰이 따져보니 자신에게는 독서할 시간이 퇴근 후 집에서 TV 보는 시간밖에 없다는 생각이 들었다. 얼마 전 옆 팀 김대권 대리가 집에 TV를 치우면서 가족끼리 대화도 하고 다양한 게임도 즐길 수 있는 시간적 여유가 생겼다고 들었다. 신 주임은 이참에 TV를 치우고 독서를 하는 가정을 만들어야겠다고 생각했다. 그날 바로 집에 가서 아내의 반대를 무릅쓰고 애들을 위한다는 핑계로 TV를 베란다로 치웠다.

그날부터 신 주임네 집은 조용해졌지만, 정작 가족들은 뭘 해야 할지 몰라서 당황스러웠다. 시간이 지나면 TV가 없는 삶에 차츰 적응할 수 있으리라고 믿었다. 신 주임도 자연스레 책을 볼 수 있을 것이라고 생각했다.

며칠 뒤, 신 주임은 퇴근 후 집에 가자마자 책을 읽어야겠다고 다짐했다. 문제는 막상 TV가 없어지니 애들이 너무 심심해했다. 신 주임이 집에 가면 아이들은 기다렸다는 듯이 뛰어와서 같이 놀자고 보챘다. 이제 신 주임은 저녁 시간에 애들에게 책을 읽어주거나 애들과 같이 뛰어논다. 덕분에 예전보다 애들이랑 더 가까워졌다.

하지만 여전히 신 주임은 자신을 위한 공부는커녕 책 읽을 시간조차 없었다. 애들을 재우고 한두 시간 책을 읽기 위해 노력해봤지만, 녹초가 된 몸을 이끌고 졸린 눈을 가까스로 떠가며 책을 보기란 쉽지 않았다. 무리해서 책을 보다가 늦게 잠들면 다음 날 일어나기가 어려웠다. 겨우 지각하지 않고 출근하기 바빴다. 점심에는 피곤해서 낮잠을 잤다. 가까스로 일과 시간을 보내고 퇴근하면 육아하기 바빴다. 하루하루 살기 바쁜 악순환의 연속이었다.

이렇게 살면 안 되겠다 싶어 주위에 조언을 구했다. 평소에 존경하던 팀장의 조언에 따라 대학원에 가기로 결심했다. 하고 싶은 전공과 학교를 정하고 나서 신 주임이 가장 먼저 한 일은 그 학교 정문에 가서 사진을 찍는 일이었다. 매일 그곳에서 공부하는 모습을 상상했다. 사진을 수첩 앞에 붙여두고 매일 사진을 보며 합격하게 해달라고 기도했다.

목표가 생기자 신 주임의 삶이 바뀌지 시작했다. 적어도 하루 2시간은 진학 관련 책을 읽겠다는 목표를 세웠다. 그러자면 어떻게든 독서 시간을 마련해야 했다. 아무리 생각해봐도 저녁 시간밖에 없는데, 애들이 자는 시간이 불규칙하다 보니 편차가 심했다. 그래서 새벽 시간을 활용하기로 계획을 바꿨다.

매일 밤 9시에 애들을 재웠다. 그리고 자신도 아이들과 같이 잠을 잤다. 일찍 자면 일찍 일어날 거라 생각했는데, 이상하게도 기상 시간은 예전과 똑같았다. 그러다 2주일 정도 지나자 자신도 모르게 새벽에 눈이 떠졌다. 새벽 5시에 일어나서 책을 읽었다. 매일 2시간씩 꼬박 집중해서 읽었다. 누구도 방해하지 않는 새벽에 조용히 커피 한잔 마시며 독서하는 그 즐거움은 경험해보지 않은 사람은 결코 모를 것이다.

아침에 일찍 일어나니 정신적으로도 풍요롭고 삶에 여유가 생기기 시작했다. 이제는 출근길에도 아침에 보던 책을 손에 들고 나간다. 예전보다 일찍 집을 나서니 지하철도 한산하다. 출근길 내내 앉아서 책을 본다. 회사에 일찍 도착하니 사람들도 없다. 컴퓨터를 켜기 전에 보던 책을 마저 보기도 한다. 주위 동료들도 그런 신 주임의 변화된 모습에 놀라는 눈치다.

최근 신 주임네 집에서 가장 먼저 취침에 드는 건 아이들이 아니라 신 주임이다. 아이들이 두 번째고 아내가 마지막이다. 요즘 신 주임은 새벽 4시 반에 일어나서 공부를 한다.

일주일에 세 번은 새벽에 수영을 배운다. 덕분에 뱃살도 빠지고 체력도 좋아졌다. 새벽에 운동하는 사람들은 하나같이 열심히 사는 사람들이다. 그런 사람들을 보고 있으면 더 열심히 살아야겠다는 동기부여도 된다.

이제 신 주임의 목표는 442법칙을 지키는 것이다. 일주일에 42시간 일하고, 42시간 자고, 42시간 개인 시간을 갖고, 42시간 자기계발에 쓰는 것이다. 회사에서도 굳이 자신이 안 해도 되는 일은 신입사원에게 업무 지시를 내린다. 대신 자신이 집중해야 하는 일에 좀 더 시간을 쓰려고 한다.

몇 달 뒤, 신 주임은 대학원에 입학했다. 2년 동안 일과 학업을 병행해야 하기 때문에 시간 관리에 더욱 유의해야 했다. 과제나 발표 수업이 많아서 새벽 시간을 잘 활용하는 게 중요했다. 과제 준비는 크게 어렵지 않았지만, 발표는 달랐다. 하루 이틀 전에 급하게 준비한 발표 자료와 몇 날 며칠 고민하며 숙성시킨 자료는 확실히 달랐다.

발표는 본인의 역량을 보여줄 수 있는 최고의 기회다. 그런 만큼 준비를 많이 해야 한다. 그래서 매일 아침 조금씩 숙성시키면서 발표 준비를 했다. 이렇게 하면 한 번에 몰아서 하는 것보다 훨씬 구성이 짜임새 있고 내용이 좋아진다. 새벽 시간에 일어나는 습관을 들이지 못했다면 일과 가정, 대학원 공부로 신 주임의 삶은 뒤죽박죽이 되었을 것이다.

시간을 잘 관리하는 비법은 한 가지다. 뚜렷한 목표를 세우는 것에서부터 출발하는 것이다. 구체적인 목표가 없다면 대학원 진학을 고민해보라. 아니면 '일 년에 100권 책 읽기'를 목표로 세워봐라. 처음에 한 권씩 읽다 보면 점점 속도가 붙을 것이다. 자연스레 시간이 더 필요하다고 느끼고, 자투리 시간을 모아 뭉텅이 시간을 만들기 위해 노력하게 될 것이다.

이제 신 주임은 어떤 일도 자신이 있다. 얼마든지 여유 시간을 만들 자신이 있기 때문이다. 시간 관리를 통해서 삶의 질이 풍부해졌고, 자신이 원하는 목표에 한층 더 다가서게 되었다.

시간 관리를 철저히 몸에 익혀 습관화하면 어느 순간 그 능력이 급속도로 향상된다. 그러다 일정 수준의 궤도에 오르면 자신의 시간을 자유자재로 관리할 수 있게 된다. 하지만 시간 관리도 학문과 같아서 꾸준히 지속적으로 하지 않고 자만해지면 그 순간 뒤로 물러나기 시작한다. 즉, 성공한 위치에 오르기까지는 오랜 시간이 걸리지만, 그 자리에서 내려오는 것은 한순간이다.

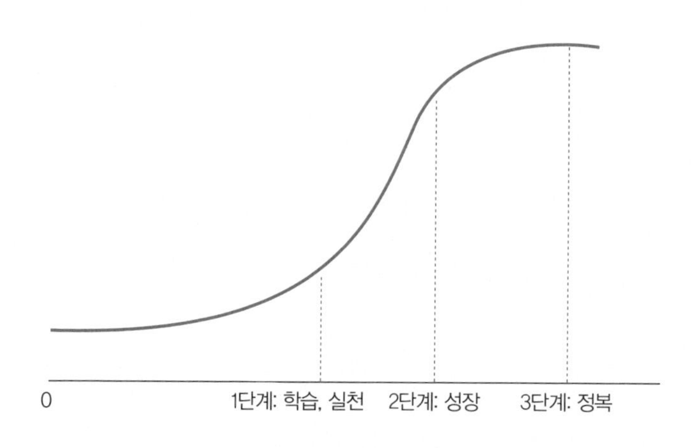

시간 관리 성장 곡선

시간 관리를 통한 성장 곡선은 3단계로 구성된다.

1단계는 시간 관리 방법을 학습하고 실천하는 단계다. 처음 시간 관리 방법을 배우고 실천하는 사람들은 자신이 원하는 능력을 쌓기까지 오랜 시간이 걸린다. 자신이 성장하는 모습은 보이지 않고 발전이 더디다. 그래서 이 단계에서 그만두는 사람들이 많다. 이들은 어느 순간, '왜 내가 시간 관리를 하고 있지?' 이런 생각을 하며 포기하는 경향이 있다. 하지만 자기 삶에 분명한 목표를 가지고 이를 성취하고자 하는 사람은 좀 더 끈기를 가지고 시도해본다.

그러다 어느 순간 시간 관리 능력이 몰라보게 축적되었음을 깨닫게 된다. 이 순간이 2단계로 넘어가는 임계점이다. 영어 공부할 때를 생각해보라. 결코 투입한 시간에 비례하여 실력이 늘지 않는다. 어느 정도까지 지식이 쌓이면 그다음 수준으로 넘어간다. 단계별로 향상되는 것을 알지 못하고 실력이 안 는다고 실망하는 사람들은 이때 그만두기 일쑤다.

2단계는 성장 단계다. 1단계 학습과 실천을 통해 일상에서 어느 정도 시간 관리가 자연스럽게 실천된다. 오랜 시간을 들여 조금씩 발전한 1단계와 달리, 2단계는 급속하게 짧은 시간에 발전한다. 능력과 지식도 갖추게 되고 주위로부터 인정받기 시작한다. 이때는 자신도 모르는 사이에 성공의 위치에 다가서게 된다. 시간 관리 스킬도 능숙해지고 442법칙이 자연스럽게 녹아 있는 단계다.

마지막 3단계는 정복 단계다. 이때야 비로소 시간 관리의 정복자가 된다. 주위의 환경에도 영향을 받지 않고 자신의 시간을 통제할 수 있는 역량을 갖게 된다. 자신이 꿈꾸던 성공의 위치에도 올라서게 된다.

하지만 이때야말로 자신을 경계하고 주의할 때다. 자칫 '이번 한 번뿐인데 어때'라는 생각으로 한 번의 예외를 만드는 순간 그동안 노력한 모든 것이 수포로 돌아간다. 한 번이 두 번이 되고, 두 번이 세 번이 된다. '이제는 원하는 성공의 자리에 올랐고, 어느 정도 시간 관리 스킬도 쌓였으니 굳이 시간 관리를 안 해도 되겠지'라고 생각하게 마련이다. 이런 생각이 드는 순간을 경계하고, 이때야말로 새로운 시작을 할 시기임을 깨달아야 한다.

우리는 이미 앞에서 빌 게이츠, 일론 머스크를 통해 시간 관리가 성공의 첫걸음임을 확인했다. 그리고 이제는 여러분이 각자 자기 삶 속에서 이 방법을 단계적으로 적용하고 실천할 차례다. 1단계, 2단계를 거쳐 3단계로 우뚝 올라설 여러분의 모습을 기대한다.

| 참고문헌 |

1. James Wallace, Jim Erickson, 《Hard Drive》, Wiley.
2. 빌 게이츠, 《미래로 가는 길》, 도서출판 삼성.
3. 재닛 로우, 《빌 게이츠: 미래를 바꾸는 기술》, 최인자 옮김, 문학세계사.
4. 수춘리, 《빌 게이츠의 성공인생으로 바꿔주는 11가지 생활법칙》, 이지영 옮김, 나침반.
5. 푸허넨, 《빌 게이츠의 인생수업》, 고보혜 옮김, 이스트북스.
6. 뤼궈룽, 《빌 게이츠가 들려주는 직장인들의 성공코드 10》, 박수경 옮김, 경덕.
7. 샤오쥐, 《무엇이 빌 게이츠를 승자로 만들었을까?》, 김락준 옮김, 이스트북스.
8. 애슐리 반스, 《일론 머스크, 미래의 설계자》, 안기순 옮김, 김영사.
9. 다케우치 가즈마사, 《엘론 머스크, 대담한 도전》, 이수형 옮김, 비즈니스북스.
10. 권오상, 《엘론 머스크, 미래를 내 손으로 만들어》, 탐.
11. 빌 게이츠 · 워렌 버핏, 《빌 게이츠 & 워렌 버핏 성공을 말하다》, 김광수 옮김, 윌북.
12. 리처드 라이트, 《하버드 수재 1600명의 공부법》, 이남규 옮김, 월간조선사.
13. 팀 페리스, 《타이탄의 도구들》, 박선령 · 정지현 옮김, 토네이도.
14. 다닐 알렉산드로비치 그라닌, 《시간을 정복한 남자 류비셰프》, 이상원 · 조금

선 옮김, 황소자리.
15. 피터 드러커, 《피터 드러커의 자기경영노트》, 이재규 옮김, 한국경제신문.
16. 한홍, 《시간의 마스터》, 비전과리더십.
17. 엘리 골드렛, 《한계를 넘어서》, 이정숙 옮김, 동양북스.
18. 리처드 칼슨, 《사소한 것에 목숨 걸지 마라》, 강호정 옮김, 도솔.
19. 대니얼 카너먼, 《생각에 관한 생각》, 이창신 옮김, 김영사.
20. 죄수의 딜레마, 위키피디아 검색.
21. Elon Musk's 'Timeboxing' Method to Manage Time Effectively, Interesting Engineering, March 12, 2019.
22. Bill Gates Seems Like A Pretty Regular Guy—For A Billionaire, The Seattle Times, July 31, 1990.
23. How Bill Gates reads books, Quartz, Oct 10, 2017.
24. Morning Habits Geniuses Use To Jump Start Their Brain, Jim Kwik.
25. Elon Musk's 6 productivity rules, including walk out of meetings that waste your time, CNBC, April 18, 2018.
26. Elon Musk's "3-Step" First Principles Thinking: How to Think and Solve Difficult Problems Like a Genius, Mayo Oshin.
27. Elon Musk in Conversation with Chris Anderson, TED 2017.
28. "연봉 2억 원 이상과 5000만 원 이하를 가른 학습법", 〈이코노미조선 222호〉, 2017년 10월 23일.
29. "직장인, 비효율적 업무에 하루 2시간 30분 '낭비'", 〈한경비즈니스 1184호〉, 2018년 8월 8일.
30. 크리스티나 워드케, 《구글이 목표를 달성하는 방식 OKR》, 박수성 옮김, 한국경제신문.
31. 강규형, 《성과를 지배하는 바인더의 힘》, 스타리치북스.

중앙경제평론사 Joongang Economy Publishing Co.
중앙생활사 | 중앙에듀북스 Joongang Life Publishing Co./Joongang Edubooks Publishing Co.

중앙경제평론사는 오늘보다 나은 내일을 창조한다는 신념 아래 설립된 경제 · 경영서 전문 출판사로서
성공을 꿈꾸는 직장인, 경영인에게 전문지식과 자기계발의 지혜를 주는 책을 발간하고 있습니다.

442 시간 법칙 : 일론 머스크와 빌 게이츠에게 배우는 시간의 힘

초판 1쇄 발행 | 2020년 6월 27일
초판 5쇄 발행 | 2022년 7월 20일

지은이 | 하태호(TaeHo Ha)
펴낸이 | 최점옥(JeomOg Choi)
펴낸곳 | 중앙경제평론사(Joongang Economy Publishing Co.)

대　표 | 김용주
편　집 | 한옥수 · 백재운 · 용한솔
디자인 | 박근영
인터넷 | 김회승

출력 | 삼신문화　종이 | 한솔PNS　인쇄 | 삼신문화　제본 | 은정제책사

잘못된 책은 구입한 서점에서 교환해드립니다.
가격은 표지 뒷면에 있습니다.

ISBN 978-89-6054-258-7(03320)

등록 | 1991년 4월 10일 제2-1153호
주소 | ㊉ 04590 서울시 중구 다산로20길 5(신당4동 340-128) 중앙빌딩
전화 | (02)2253-4463(代)　팩스 | (02)2253-7988
홈페이지 | www.japub.co.kr　블로그 | http://blog.naver.com/japub
네이버 스마트스토어 | https://smartstore.naver.com/jaub　이메일 | japub@naver.com
♣ 중앙경제평론사는 중앙생활사 · 중앙에듀북스와 자매회사입니다.

※ 이 도서의 국립중앙도서관 출판시도서목록(CIP)은 서지정보유통지원시스템 홈페이지(http://seoji.nl.go.kr)와
국가자료공동목록시스템(http://www.nl.go.kr/kolisnet)에서 이용하실 수 있습니다.(CIP제어번호:CIP2020022548)